後天
幽默感

反差對比、先順後逆、顛倒黑白，

跟著本書學幽默，對方說的話再荒謬，

你都能夠回得巧妙！

👑 為何他說完全場爆笑，你講完全員靜默？

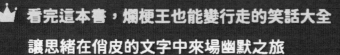

👑 看完這本書，爛梗王也能變行走的笑話大全

讓思緒在俏皮的文字中來場幽默之旅

俞姿婷，蕭勝平 編著

目 錄

目錄

目錄

前言

　　良好的人際關係對於幸福生活的重要性怎麼強調都不為過。如何營造出良好的人際關係，是人生規劃中的重中之重，而且也是難上之難。一個人要怎樣做，才能在複雜的人際關係中遊刃有餘呢？

　　舉個例子——

　　「客觀事實」的相貌長得很醜，每個人都必須對此發表一句評論，誰也躲不掉。當時的場面令大家極為尷尬。

　　「直率」評論說：「你長得太難看了。」這種性格一張口，不管是真是假，很容易傷人。

　　「推託」評論說：「這不能怪你，全是我們現在的生活環境被破壞得太厲害的緣故。」細心的人會發現這人有點狡猾。

　　「刻薄」評論說：「長得醜不是你的錯，出來嚇人就是你的不對了。」

　　「虛偽」評論說：「話不能這麼說！我看你像地瓜，外表雖然帶著土，但內心美呀！」每個人都知道他說的算不上是真話。

　　「委婉」評論說：「是呀，該怎麼說呢……可能是有點那個。不過，我同意這樣的說法，看人不要光看外表，還要看內心。」儘管沒有明說，但大家都明白他的意思，雖然沒傷人，但不一定好。

　　「幽默」卻是這樣評論的：「老兄，你長得很有創意。」於是，大家都笑了。

　　在人際互動中，常常會有互動齒輪故障的時候出現。這時，幽默就是最理想的潤滑劑，它能使僵化的人際關係活躍起來。幽默還是緩衝裝置，可使一觸即發的緊張局勢頃刻間化為祥和；幽默又是一枚包裹了棉花團的針，帶著溫柔的嘲諷，卻不傷人。總之，幽默是營造良好人際關係的利

器。那些具有幽默性格的人，所到之處皆是一片愉悅和融洽的氣氛，每個人都願意和他們互動，他們和大家的關係在不知不覺中變得和諧。

然而，幽默在我們的生活中是否受到了重視呢？根據調查，我們的家庭成員在情感交流中，約有六成的妻子認為自己的丈夫少有幽默的情調，七成的丈夫認為自己的妻子缺乏幽默感，而認為父母毫無幽默細胞的子女接近九成！這一資料顯示我們的生活壓力太大了，有必要調整一番。

幽默感不是與生俱來就能輕鬆擁有的，它是一種健康心態的展現；是一種樂觀生活態度的反映。如果你想提高自己的幽默感，不妨打開本書，讓你的思緒在幽默俏皮的文字中來一場快樂的旅行。學海無涯，開卷有益。相信你在閱讀本書後，對於幽默有更加理性的認知和感性的了解。而當你在嫻熟地運用幽默時，你會發現：你的人際關係會在不知不覺中變得和諧，而你身邊的每一個人都越來越喜歡你。這正是幽默能改善人際關係的魅力所在。

編者

第一章
誰不喜歡幽默的人呢

誰不喜歡富有幽默感的人呢？即便是沒有幽默感的人，對於幽默的人大概也是欣賞與喜歡的吧？因為任何人的內心都喜歡陽光與歡樂，而具有幽默感的人身上散發著陽光與歡樂的氣息。一個具有幽默感的人，會時時發掘事物有趣的一面，並欣賞生活中輕鬆的一面。這樣的人，容易令人接近；這樣的人，使接近他的人也能分享輕鬆愉快的氣氛；這樣的人，更能增添人生的光彩。

　　幽默是一種超群的魅力，是一種討人喜歡的性格。人們用幽默來使自己開心，使自己精神超脫塵世的種種煩惱；用幽默來增加活力，使生活多一點情趣；用幽默來散播快樂，給人以歡笑、友愛與寬恕 —— 不僅僅如此，人們還用幽默潤滑嚴酷的現實機器，超越用其他方法所無法超越的限制。

　　馬克吐溫（Mark Twain）曾經說：「讓我們努力生活，多給別人一些歡樂。這樣，我們死的時候，連殯儀館的人都會感到惋惜。」馬克吐溫的話既富有幽默感，又富有哲理。另一個美國名人麥克阿瑟（Douglas MacArthur）將軍，在為兒子所寫的祈禱文中，除了求神賜他兒子「在軟弱時能自強不屈；在畏懼時能勇敢面對自己；在誠實的失敗中能夠堅忍不拔；在勝利時又能謙遜溫和」之外，還向上帝祈求了一樣特殊的禮物 —— 賜給他兒子「充分的幽默感」。可見，幽默是人生多麼值得追求與擁有的優秀特質。

人人都喜歡笑容

　　所謂「人人都喜歡笑容」，包含了兩層意思。第一層意思是喜歡看到別人臉上的笑容，那笑容是友好的象徵，誰不希望別人對自己友好？第二層意思是希望自己臉上多些笑容，誰不喜歡自己開心？

美國一家著名時裝公司的企業家史度菲說：「世界上最美妙的聲音就是笑聲。它比任何音樂或娓娓悄語都美妙。誰能使他的朋友、同事、顧客、親人們發出笑聲，那麼，他就是在彈奏無與倫比的音樂。」

在一列快速行進的地鐵車廂裡，某人客氣地彎腰對身旁的一位年輕時髦的女士說：「車廂真黑，請允許我為您找扶手吊帶吧！」

「不用了！」那位女士冷冰冰地說：「我已經有扶手吊帶了。」

「那麼，請您放開我的領帶吧！？」這個人氣喘吁吁地說。

關於上班族上下班擠車的幽默著實不少。特別是早上上班的尖峰時段，車裡的人希望車外的人不要再進來，好快點開車；車外的人卻拚了老命也要擠進去，以免上班遲到。擠來擠去，車門面前是一片人海，公車經常因無法關門只得等候。如果恰逢炎熱的夏天，車裡車外的人心裡難免更加煩躁。因此，我們經常可以見到擁擠的公車出現乘客之間的糾紛。有這麼一位瘦瘦的先生，在早班車車上被擠得實在無奈了，可是早上急著上班的人還是拚命地往沙丁魚似的車廂裡擠。公車遲遲不能開動，車裡的人開始對車門口阻礙關車門的人有意見了，而車門口的人也自然有他們自己的理由。眼看雙方的言辭開始有了火藥味，這位瘦瘦的先生忍不住大叫：「別擠啦，再擠我就成了相片啦！」就這一句話，引起了大家的會心一笑。伴隨著笑聲，車裡的人的氣消了不少，車門口堅持要擠進來的人也下了車等下一趟。

一張笑臉是如此可愛，能使人聯想到盛開的鮮花與火紅的朝陽，它可以帶給人們溫馨和美的感受。笑可以使男人變得親切，使女人更加嫵媚。笑的魅力誘人，在日常生活中不可或缺，就如同世界不能沒有陽光一樣。

幽默似乎注定與笑聲不可分離。在生活中，我們經常會笑，幽默就是一種逗我們快樂的方法。笑是人的一種本能，但人卻不會隨時都能笑、想

笑、要笑，笑是在一定條件的作用下才會發生的。幽默會引人發笑，所以，有人把幽默當成「善意的微笑」，以笑「為審美特徵」，還有人把幽默奉為「引發笑聲的藝術」，故而特別受到人們的注意。

人們的笑，可按照笑時候的表情分為各式各樣。幽默可以使人發出輕鬆的微笑、快樂的大笑，也可以引起人們的冷笑、嘲笑或似發瘋的狂笑等等。但笑並不是幽默的唯一目的，而在於人們笑過之後所得到的融洽，也就是說幽默的價值在於笑的背後。

幽默是一種有趣或可笑而意味深長的互動方式。幽默大師說：「幽默是一種常常使人開懷暢笑，而自己也樂在其中，享受輕鬆的快感。」在生活中，幽默也是一種灑脫、積極、豁達、機智、詼諧的人生態度。

幽默的人走到哪裡，那裡就充滿歡笑。幽默的特點就是令人發笑，使人快樂、欣悅和愉快，把這一特點運用到社交生活中，會取得令人招人喜歡的交際效果。

有人情味的人

人情味是什麼？要準確的定義還真不是一件容易的事情。抽象地說：人情味是人類情感互動的一種表現，引起他人的情感上共鳴，或使他人感到溫暖。人情味有一種說不出的滋味，是一種意味深長，耐人尋味的情感。

俗話說：「人非草木，焉能無情？」一個沒有人情味的人，如同草木般獨自枯榮一世。人情味是一種複雜的混合味道，其中至少包含善良、熱心、真心、體貼、活潑。幽默或許可以不是人情味的分子，但它一定是傳達人情味的最佳載體。

有一天，詩人海涅（Heinrich Heine）正在伏案寫作，突然郵差送來一個包裹。海涅打開一層又一層、有 N 層的包裹，最後見到的只是一

張小紙條，上面只有一句話：「親愛的海涅，我健康而快活，衷心地致以問候。你的梅厄。」幾天以後，梅厄先生也收到海涅的一個郵包，那郵包很重，梅厄僱了一名搬運工幫他扛到家，打開一看，竟是一塊石頭，還有一張便條，上面寫道：「親愛的梅厄，看了你的信，我心裡這塊石頭才落地，我把它寄給你，以表達我對你的愛。你的海涅。」海涅和他的好友透過幽默的手段，互相傳遞了誠摯的朋友之情，既有趣，又感人。

有個男孩吵著要爸爸給他買把玩具噴火槍，爸爸沒有馬上生硬地訓斥孩子，而是溫和地說：「不行啊，這個月你的『軍費開支』已經超過預算了，再買噴火槍，你媽媽就要成噴火槍了。」父母與孩子之間的關係是屬於「雙連關係」，一旦「話不投機」，關係就會弄僵。而用幽默溝通的方法則是一種至趣、至情、至理、至智的高級手段，雙方都能接受。因為幽默不但有笑，裡面總帶有智慧的愛意，無形和對方心靈相融，產生強烈的情感共鳴。

小兒子有一天忽然問爸爸：「爸爸，在你還是小孩的時候，你爸爸打過你嗎？」「當然，他打過我。」他爸爸說。「那麼，當他是小孩時，他爸爸也打過他嗎？」「當然，他爸爸打過他。」爸爸笑著說。小兒子想了一會後對他爸爸說：「爸爸，假如你願意和我合作的話，我們可以中止這種惡性循環的暴力行為。」這樣的幽默感在兩代人之間就建立了一種平等關係。在和下一代的互動中運用幽默，能使他們感到他們的人格被尊重，有利於培養他們的信心，使他們覺得父母、長輩並不只是居高臨下地向他們發號施令，而是把他們當朋友一樣地看待，增強了他們的平等意識、民主意識。同時，透過幽默來教育、幫助他們，比用別的方法更能令人接受。

有一個長年在外工作的人，長久沒有和家裡聯絡了。一天半夜，刺耳的電話鈴聲擾醒了他的美夢。他不耐煩地拿起話筒，原來是母親打來的

電話，告訴他今天是他的生日，兒子有些惱火地說：「你深更半夜打電話就是為了告訴我這件事情嗎？」母親溫和地在電話中對兒子說：「孩子，三十年前的這個時候，也是你把我折騰醒的。」母親運用幽默的方法，善意地表達對子女的關心，也讓子女認識到自己的錯誤，這種獨特的富有人情味的教育方式，做子女的是難以忘記的。

幽默在社交中的作用

社交是一個廣義概念，泛指人的一些社會互動與連繫。要想生活與事業雙豐收，就得擁有一個良好的社會關係網 —— 用現代時髦的詞叫「人脈」。而要想擁有一張良好的社會關係網，就離不開優秀的社交本領。社交的成功，意味著彼此喜歡、彼此信任，並願意互相幫助、互相支持。而要想取得社交的成功，方法、因素固然很多，但幽默的作用卻是任何別的方法和因素都無法代替的。

法國作家小仲馬（Alexandre Dumas fils）浪漫風流，一次與朋友們逛妓院（基於時代的原因，我們不能因此質疑其道德），朋友們當著兩個名妓的面，為哪個妓女更美麗而爭論來爭論去。兩個名妓一位身段妙不可言，另一位面容如花似玉，爭論似乎沒有結果。最後，朋友們讓一聲不吭的小仲馬作裁奪。「你最喜歡哪一位呢？」他們問。「我最喜歡帶第二位出門，帶第一位回家。」小仲馬輕鬆寫意地將這個難題解開，令在場所有人都無不信服並為之讚嘆。對於小仲馬這種幽默，我們除了像周星馳似的感嘆「I 服了 YOU」之外，找不出更恰當的致敬之語了。

幽默是社交之中的潤滑劑，能使難解的麻紗順暢解開，還能使激化的矛盾變得緩和，從而避免出現令人難堪的場面，化解雙方的對立情緒，使問題更好地解決。小劉追求一個叫若蘭的女孩，但若蘭對他似乎不太感

興趣。在一次上門拜訪時，若蘭的母親在門口擋駕，告訴小劉說：「對不起，若蘭今天不在家。」小劉明明看到若蘭在他下車時正好倒了垃圾回了家，但他沒有點破：「沒關係，那麻煩伯母告訴她，我今天沒有來。」感情的事是全世界最說不清道不明的事，一個拒絕某男 100 次的女孩，很可能在第 101 次被打動而繳械投降 —— 這種例子比比皆是。小劉這樣幽默地處理，不僅給雙方留足了面子，給自己留了後路，還表明了自己輕微的不滿，更傳遞了自己幽默的氣質 —— 這是一種多麼討人喜歡的氣質啊。相信若蘭的母親聽了會心中莞爾，若蘭聽了之後也會覺得有趣。追女孩子本身就累，特別是追一個對自己沒有感覺的女孩子。讓對方覺得自己有趣，又何嘗不是萬里長征中的一步？

美國作家特魯說：「當我們需要把別人的態度從否定改變到肯定時，幽默力量具有說服效果，它幾乎是一種有效的處方。」他還講到：「幽默幫助你解決社交問題。當你希望成為一個克服障礙、贏得他人喜歡和信任的人時，千萬別忽視這種神祕的力量。」幽默不僅能解決矛盾的衝突，而且還是心靈溝通的藝術。人們憑藉幽默的力量，打碎自己的外殼，主動地與人互動，觸摸一顆顆隔閡的心，透過幽默使人們感受到你的坦白、誠懇與善意。

在嚴肅的交談和例行公事般的來往中，往往給人一種戴著假面具的感覺，也似乎只能讓人了解你的外表，卻無法探知你的內心，這樣的交流是極難深入下去的。一個老闆在看了由祕書代擬的公文後，對美麗的女祕書說：「妳每天的穿著打扮簡直是恰到好處，讓人看了賞心悅目，要是妳代我起草的公文也是這樣就好了。」由誇獎到批評，一切那麼自然、幽默，相信被批評者容易接受多了。幽默可以讓人們看到你的另一面，一個似乎是本質的、人性的、純樸的一面，這是人性的共同之處。

在現代社會生活中，各種以娛樂活動為目的的集會或是出於興趣、愛好而組成的團體，成了現代社會中人們相聚，彼此溝通、互相滿足的小社會。在這些社團中，不論是普通成員還是核心人物，都能從幽默的力量中深受益處，也能以自己的幽默感贏得大家的歡迎。

總之，幽默是社交成功的法寶。運用幽默的力量，我們就能透過成功的社交，走上成功的道路。

會幽默的人朋友多

俗話說：在家靠父母，出門靠朋友。能夠多交一些朋友，常與朋友交談、聊天，就會心胸開闊、資訊靈通、心情開朗；也能取人之長，補己之短。遇到煩惱的事情，朋友可以安慰你；遇到什麼難題，朋友可以幫你出主意；有什麼苦衷，也可以向朋友傾訴一番；遇到什麼喜事和值得高興的事，可以和朋友說說，分享快樂。

交友難，其實難就難在交友的方法上，幽默交友不失為一種有效的方法。陌生的朋友見面，如果幽默一點，氣氛將變得活躍，交流會更順暢，這將為今後更緊密的關係打下良好的基礎。

著名國畫大師張大千與著名京劇藝術大師梅蘭芳神交已久，相互敬慕。在一次張大千舉行的送行宴會上，張大千向梅蘭芳敬酒，出其不意地說：「梅先生，您是君子，我是小人，我先敬您一杯！」

眾人先是一愣，梅蘭芳也不解其意，忙問：「此語做何解釋？」

張大千朗聲答道：「您是君子 —— 動口；我是小人 —— 動手！」

張大千機智幽默，一語雙關，引來滿堂喝彩，梅蘭芳更是樂不可支，把酒一飲而盡。

大多數人都有廣交朋友的心，苦的是沒有行之有效的方法，如果我們

能像張大千一樣，注意感受生活，勤於思考，有一天我們也會變得和他一樣幽默風趣，到那時候，對我們來說世界就不再是陌生的了，因為陌生人也會樂意成為我們的朋友。

新朋友之間可以幽默，老朋友之間更不必拘泥古板，只要「幽」得開心，「默」得快樂就可以了。

法國作家小仲馬有個朋友的劇本上演了，朋友邀小仲馬一起去觀看。小仲馬坐在最前面，總是回頭數：「一個，兩個，三個……」

「你在幹什麼？」朋友問。

「我在替你數打瞌睡的人。」小仲馬風趣地說。

後來，小仲馬的《茶花女》公演了。他便邀朋友同來看自己劇本的演出。這次，那個朋友也回過頭來找打瞌睡的人，好不容易終於也找到一個，說：「今晚也有人打瞌睡呀！」

小仲馬看了看打瞌睡的人，說：「你不認識這個人嗎？他是上一次看你的戲劇睡著的，至今還沒醒呢！」

小仲馬與朋友之間的幽默是建立在一種真誠的友誼基礎上，丟掉虛假的客套更能增進朋友之間的友誼。可見，交朋友要以誠為本。朋友之間要以誠相待，互相關心、互相尊重、互相幫助、互相理解。愛人者人恆愛之；敬人者人恆敬之。關心別人，才會得到別人的關心；尊重別人，才會得到別人的尊重；幫助別人，才會得到別人的幫助；理解別人，才能得到別人的理解。

掌握了幽默的交友技巧，我們的朋友就會遍布天下，陌生人會變成新朋友，更多的新朋友將變成老朋友。面對老朋友，我們將是沒有隔閡，無話不談了，像過去的趣事、將來的打算、工作中的得意、家庭裡的煩惱都可和朋友一起分享。

幽默是一種強大的影響力

　　影響力，通俗地解釋就是影響他人的能力。用督戰隊強迫戰士上前線，督戰隊是一種影響力；用崇高的使命吸引戰士上戰場，使命是一種影響力。這兩種影響力一種來自於外在，一種發自於內心，誰強誰弱，一目了然。

　　構成一個人的影響力的因素很多，其中幽默是一個不可忽視的組成。據說在二戰前，美國國會議員因為軍方提出的 B12 轟炸機研製計畫而爭論不休，支持該項計畫的羅斯福（Franklin Delano Roosevelt）總統為了說服議員費了很多口舌，還是沒有多少效果。眼看這項議案就要流產了，情急之中的羅斯福不再用嚴密理性的說辭來做工作，他說：「說實在的，對於 B12 轟炸機我們都不是特別了解，但我想，B12 是人體不可缺少的維生素；既然現在軍方需要 B12 轟炸機，我想對於他們來說一定是不可缺少的。」結果，這項議案居然透過了。而 B12 轟炸機在後來的二戰中可謂戰功赫赫。一般來說，在國會議案的討論中，大家都是一些講究理性、邏輯的人，坐在一起擺事實，講道理，一切靠事實與道理說話。但羅斯福卻反其道而行，用幽默輕鬆地轉變了一些人的態度。也許將部分議員改變立場單純歸功於羅斯福幽默的類比是不嚴肅的，但羅斯福的幽默在一定程度上緩和了當事雙方陣營的火藥味，對立的緩和有助於平和理性地去理解對方的意見和觀點，而不至於跌入情緒化的為反對而反對的泥坑。

　　在現代人的生活中，一般人的生活形式是固定不變或在一段時期內固定不變的。所以，無論你是已經有一定影響的人，或者是想成為有一定影響的人，你都不能忽視幽默作為影響力的作用。如對於工廠工人來說，上班、通車、下班、回家 —— 周而復始；除非他坐進辦公室或換一種工作，才會引起變化。但變化之後，隨之而來的又是不變。這就是現代人普遍認為生活沉悶的外在原因。在這種不變的生活形態背景下，人們不得不尋求

變，以擺脫沉悶感，如滿足食慾、情感需求、進行社交、尋找娛樂等。除此之外，對生活形態進行改造的另一好方法是培養和發揮幽默感。幽默感會製造不變中的變，使人把枯燥的工作看得有趣、輕鬆起來，從而不再感到沉悶。可以想見，充滿歡笑的勞作不是折磨，而是一種愉快的運動。

一個具有幽默感的人，他的幽默語言和行為會一傳十、十傳百，成倍地擴展。如果幽默的語言行為中有他的思想、觀點，那麼就會有很多人來傳播他的思想、觀點，所要傳達的資訊也隨即被他人了解。無論他人是反對還是支持，至少他已了解了你的想法，於是你的影響便由此而產生。

世界不能沒有幽默

幽默是能使人發笑的東西。沒有笑，這世界會是什麼樣？我們還是先看一則小幽默。

練兵場上，連長正領著新兵們操練，連長喊「立正」，新兵們整齊地站在連長的對面。連長繼續下命令：「向右看齊！」新兵們把頭側向了右邊。

但是，連長看到有一個新兵卻把頭側向左邊。於是連長又喊了一遍：「向右看齊！」但那個新兵還是把頭向左邊。

連長有點惱火地問那個新兵：「你為什麼向左看？」

那個新兵這才發現了自己的錯誤，但他卻大聲地回答：「報告長官，大家都向右看，我怕敵人會從左邊上來。」

新兵的一番話，令連長嚴肅的臉上擠出了一絲笑容。操練繼續下去，這個新兵全神貫注地聽著口令，不再犯錯。

在家庭生活中，男人常常會因為自己的妻子為追求時髦去購買新衣而產生煩惱，免不了一番發洩，但這往往會傷害夫妻情感。如果你是一個有

修養的男子，面對這種窘境，即使是批評，也應採取一種幽默的方式，既消弭矛盾，又不傷感情，並給生活增添一份情趣。

妻子：「今年春天，不知又流行些什麼服飾？」

丈夫：「和往常一樣，只有兩種，一種是你不滿意的，另一種是我買不起的。」

這位丈夫的幽默，一般通情達理的妻子都能接受，兩個人此時都會為之一笑。我們再來看另一則充滿智慧的幽默：

在總統競選大會上，美國第 26 任總統西奧多‧羅斯福（Theodore Roosevelt）演說時，接到一張紙條，上面寫著：「蠢豬！」

「親愛的同胞們！」羅斯福鎮靜地說：「我經常收到人們忘記署名的信，但現在我生平第一次接到一封只有署名，但沒有內容的信！」

幽默是有文化的表現，是痛苦和歡樂交叉點上的產物。一個人不經歷痛苦、辛酸，便不懂得幽默。而假如他沒有充足的自信和希望，也不會幽默，他的痛苦與辛酸也就白費了。

每逢時代踏進新階段時，幽默便會興旺起來。它對於生活中古舊的一切、虛妄的一切，都宣告了它們末日的來臨。然而，當下一個時代的偉大新幻象形成的時候，幽默似乎就快要完了。但實際上，它永遠不會消失，它是照耀著戰場上的唯一光明，它會從這戰場上再起來，如理性的曙光一般。

與人為善，從多種角度來講，也就是與己友善。人們已經厭倦了腥風血雨，已經厭倦了指桑罵槐，已經厭倦了人與人之間的指責與謾罵。現代生活中的幽默，也就是與人為善，它追求的是人與人之間的和諧及人的發展與完善。我們來看下面的例子：

某人去麵店點了碗番茄蛋麵，等了一個小時還沒有端上來，一問，店員尷尬地表示老闆買番茄去了。於是這人幽默地說了句：「幸好是買番

茄，如果是種番茄我豈不是慘啦！」

這就是幽默，把怒氣解決了。

又比如現在不少年輕人喜歡說網路用語，康老師也學習上了網。可第一次上網聊天就惹出了個大笑話。他說起這些還有點不好意思，「我幫自己取了個網名叫康乃馨，沒想到一聊天，別人就叫我美女。我說我是帥哥，對方馬上說我是情聖和偶像，我還很高興。結果女兒一看馬上讓我下線，後來我才知道情聖和偶像都是網路語言，情聖是情場上剩下的，偶像是嘔吐的對象。」

幽默不同於滑稽、諷刺等。幽默必須與人為善，輕鬆、含蓄和機智，不像諷刺帶有憤怒色彩。比如兩個人碰到一起了，某人對另一人說：「好狗不擋道。」如果被說的人來個：「牛能過，你不能過？」這就是諷刺了，兩人肯定會吵起來。

世間所有的事，都離不開人與人之間的關係，如何才能指出人的缺點和不足，又能和諧地彼此相處，正是現代生活中的幽默所刻意追求的東西。

在音樂晚會上，一位著名的歌手正在演唱。這時，聽眾甲用顫音跟著唱起來。

「真掃興！」鄰座的聽眾乙憤憤地說。

「你什麼意思？」甲問。

「這位歌手干擾了我欣賞您的歌喉。」

幽默的力量不會使你由矮變高，或者由胖變瘦。在悲傷的時候，它也不一定能讓你快樂起來。但是，它的確能夠幫助你，幫助你如何笑對人生，如何輕鬆愉快而又不乏意義地生活。當你渾身充滿幽默的力量，善於趣味思考的時候，你會發現你對自己的身高、體重或其他原本不讓你滿意的身體特徵，變得容易接受。

第一章　誰不喜歡幽默的人呢

有一位身材矮小的男教師走上講臺時，學生們有的面帶嘲諷，有的交頭接耳暗中取笑。

這位老師掃視了一下大家，然後風趣地說：「上帝對我說：『當今人們沒有計畫，在身高上盲目發展，這將有嚴重後果。我警告無效，你先去人間做個示範吧。』」

學生們哄然一笑，然後鴉雀無聲。很顯然，他們都為老師的幽默智慧所折服，忘記了他身材的缺陷。

幽默的力量能夠幫你把生活變得健康、活潑，使得你的人生富有詩意。請看幽默專家們為自己設計的墓碑：

有一位著名的拳擊手，死後其碑文為：你就是數到 100 下，我也不再起來。

某位名演員，臨死前自題碑文為：從此謝幕，退居幕後。

一位曾以辯才聞名的律師，其碑文簡潔有利：抗訴無效。

馬克吐溫的墓碑上則寫道：恕我不起來了。

憑藉幽默的力量，你能使你的人際關係充滿溫暖與和諧，甚至得到陌生人的尊敬，這就是為什麼世界不能沒有幽默的原因。

第二章

讓幽默為人格增添魅力

幽默來自於兩個世界：一個是客觀世界，一個是主觀（內心）世界。當你把兩個世界統一起來，並有足夠的技巧去表現你身上的幽默力量，你會發現你身上具有超群的人格魅力。

　　這些具有幽默感的人，能自在地感受到自己的力量，獨自應付任何困苦的窘境。我們或許不能像愛迪生（Thomas Alva Edison）那樣超凡脫俗，但我們確實也可以時時去轉動一把鑰匙 —— 幽默。用幽默來開放自己，使精神超脫塵世的種種煩惱；用幽默來增加活力，使生活多一點情趣；用幽默來使自己令人難忘，同時給人以友愛與寬恕；用幽默來使自身樂觀、豁達。

幽默表露的是睿智

　　智慧是幽默的父親，樂觀是幽默的母親。幽默是智慧與樂觀結合後生的兒子。

　　現代生活壓力越來越大，歡樂似乎越來越少。然而這並不是人們對歡樂的渴求減少了，相反，人們越來越對於歡樂表現出飢渴。人們需要幽默，以便活得更輕鬆更愉快些。幽默不僅要使人發笑，還要有一定意味。

　　1944 年 3 月 25 日，富蘭克林‧羅斯福第四次連任美國總統。《先鋒論壇》報的一位記者採訪這位第 32 任總統，就他連任總統之事詢問他感想。羅斯福笑而不答，請記者吃一片三明治。記者覺得這是殊榮，很快就吃下去了。羅斯福請他再吃一片，記者覺得這是總統的恩賜，也就把它吃了。羅斯福又請他吃第三片，記者受寵若驚，雖然肚子已不需要了，但他還是硬著頭皮吃下去了。羅斯福微笑著說：「現在已經不用回答您的提問了，因為您已經有了親身的感受。」

　　幽默是一種智慧的展現。一個人有廣博的知識、深邃的見識，才能做

到言談豐富、妙語如珠。

班傑明‧富蘭克林（Benjamin Franklin）曾積極地參與了「獨立宣言」的起草，為爭取黑人解放發表過演說，為建立美國的民主制度進行過鬥爭。他在指責一項有錢人才能有資格當選為議員的法律時說：「要想當上議員，就得有 30 美元。這麼說吧，我有一頭驢牠值 30 美元，那麼我就可以被選為議員了。一年以後，我的驢死了，我這個議員就不能當下去了。請問究竟誰是議員呢？是我，還是驢？」

真正的幽默，應該是機智百變，妙趣橫生，讓人在發笑之餘忍不住琢磨，並且越琢磨越有味道，有茅塞頓開般的啟悟。反之，就降格為插科打諢了，那種逗樂也不過如同伸手到人腋下。

一次，普希金（Aleksandr Sergeyevich Pushkin）宴請客人，在座的一位客人對他說：「親愛的普希金，一望而知你的腰包是裝得滿滿的！」普希金饒有風趣地回答：「自然我會比你闊氣些！你有時候貧窮，必須等家裡寄錢給你，而我卻有永久的進款，是從那 32 個俄文字母上來的。」

拿破崙（Napoleon Bonaparte），有一天到野外打獵，突然聽見遠處有人呼叫，他尋聲走去，看見一人落水，正大聲求救。拿破崙毫不猶豫地舉起槍來，大聲叫道：「喂！聽好！你要是不爬上來，我就開槍打死你。」那個人聽了，頓時忘記落水的危險，立刻使勁全力向岸邊游去。上岸的第一句話就是：「你不救我就算了，為什麼還要開槍打死我？」拿破崙從容不迫地回答說：「假如剛才我不嚇唬你，你就不會奮力遊上岸，又怎麼能脫險呢？」

幽默的睿智並非只體現在能言善道上，而是傳遞了一種快樂、成熟的生活態度，掌握了它等於掌握智慧結晶，得到快樂的源泉。

美國政治家查理斯‧愛迪生（Charles Edison）在競選州長時，不想

利用父親（大發明家愛迪生）的聲譽來抬高自己。在作自我介紹時他這樣解釋說：「我不想讓人認為我是在利用愛迪生的名望。我寧願讓你們知道，我只不過是我父親早期實驗的結果之一。」

一天，有人問英國首相邱吉爾（Winston Churchill），當政治家要有什麼條件。邱吉爾回答說：「政治家要能預言明天、下個月、來年及將來發生的一些事情。」那個人又問：「假如到時候預言的事情未實現，那怎麼辦？」邱吉爾說：「那就要再說出一個理由來。」

幽默展示的是自信

據說邱吉爾有一次應邀到廣播電臺去發表演講，不料半路上汽車壞了。他為了趕時間，連忙招了一部計程車，對司機說：「送我到 BBC 廣播電臺。」

「抱歉，我沒空」，司機說：「我正要趕回家收聽邱吉爾的演說。」邱吉爾聽了很高興，馬上掏出一把鈔票給司機，並決定重新找一輛車。

誰知司機接過鈔票後非常高興地對邱吉爾說：「上來吧！去他的邱吉爾！」邱吉爾聽了也大笑起來，說：「對！去他的邱吉爾！」從被人推崇到被人戲謔，上下的落差不可謂不大，但邱吉爾基於自己的自信，心平氣和地接受了對方的「先捧後殺」，並且自己也樂於參加其中。

幽默的人樂觀開朗，常常是交際中的焦點。他們談笑自如，沒有足夠的自信是做不到這一點的。一個對自己有自信的人，除了不會在交際時怯場，還能在別人的打擊下保持鎮定。這些都是幽默所必需的前提。一個幽默的人必定是一個自信的人，而一個自信的人則未必是一個幽默的人。這是因為自信是幽默的要素之一，而幽默並非自信的要素之一。

安徒生（Hans Christian Andersen）很簡樸，戴著舊的帽子在街上

行走。有個路人嘲笑他：「你腦袋上的那個東西是什麼？能算是帽子嗎？」安徒生幽默地回敬：「你帽子下的那個東西是什麼？能算是腦袋嗎？」沒有高度的自信，恐怕安徒生早就在他人的取笑中發窘，或者勃然大怒，哪能靈光一現，作一個絕妙的反擊？

我們什麼時候看到過富有幽默感的人在人際互動中被動過？無論是身處什麼樣的氛圍之中，他們都能以自己高超的幽默技巧隨機應變、遊刃有餘。他們無疑是具有魅力的人。

幽默宣揚的是豁達與雅量

俄國著名寓言作家克雷洛夫（Ivan Andreyevich Krylov）早年生活窮困。他住的是租來的房子，房東要他在房契上寫明，一旦失火，燒了房子，他就要賠償 15,000 盧布。克雷洛夫看了租約，不動聲色地在 15,000 後面加了一個零。房東高興的不得了：「什麼，150,000 盧布？」「是啊！反正都是賠不起。」克雷洛夫大笑。

陽光普照大地，無為無慾，但卻造就了自然界的勃勃生機。幽默的人，說出的某些話雖讓人感到如憨似傻，但卻因心地透明，心境豁達開朗。實質上，在那自嘲自謔或天真稚純的話語中，我們卻感受到了幽默者厚實的天性和無窮的智慧。

幽默能展示一種豁達的品格，豁達是對人性的一種肯定。亞里斯多德（Aristotle）就曾經說過：「幽默發現正面人物在個別缺點掩飾下的真正本質。我們正是這樣不斷地克服缺點，發展優點，這也就是幽默對人的肯定的力量之所在。」

據說有小偷半夜去窮困潦倒的作家巴爾扎克（Honoré de Balzac）家行竊，巴爾扎克驚醒後，對忙著到處找錢的小偷說：「別浪費力氣找錢

了，我白天都找不到，你在晚上就更找不到了。」幽默顯現了一種寬闊博大的胸懷。有幽默感的人大多寬厚仁慈，富有同情心。幽默不是超然物外地看破紅塵，幽默是一種積極豁達的人生觀念。

　　一群藝術家聚會，先是各自炫耀著自己最近得了多少版稅、有多少約稿應付不過來。再談到都市房價之高，並不失時機地表露出自己的房子有多大。這時，有人看到一個詩人一言不發，便問詩人住在哪裡？

　　詩人回答：「我沒有家」。

　　一個聚會者感嘆說：「唉，當今詩壇不景氣，詩賣不到多少錢，成家很難啊！」

　　另一個插嘴：「詩人太浪漫了，到處去找靈感，怎麼能有『家』呢？」

　　詩人回答：「在座都是小說家、音樂家、書法家，當然有家，沒有人稱呼詩人為『詩家』，所以詩人沒有家是正常的。」

　　我們知道：心情沉重的人，肯定笑不起來；心中總是充滿狐疑的人，話裡肯定不會蕩漾著暖融融的春意；整天都是牽腸掛肚的人，他的話裡肯定也有著化不開的憂鬱……只有心懷坦蕩、超越了得與失的大度之人，才能笑口常開，妙語常在，話中總是帶著對他人意味深長的關愛，帶著對自己不失尊嚴的戲謔。

　　沒有幽默感的人不會積極地看待這個世界，不會樂觀地看待自己的生活。當然樂觀不是盲目的，而是有所依附，是一種透澈之後的豁達。樂觀地看待你的生活，幽默自然而生。

　　作為一個理智健全的人，特別是一個希望逐漸完備自己人格的人，總是要有點容人的雅量。雅量，是衡量一個人成熟與否、修養程度高低的重要尺規之一。當你手握足以致人啞口無言的把柄，身處令人讚不絕耳的高位，或面對尖銳的批評逆語，你是否能夠做到不怒目橫掃、暴跳如雷呢？

前美國總統安德魯・傑克森（Andrew Jackson）曾經和本頓（Thomas Hart Benton）決鬥過。本頓一槍擊中了傑克森的左臂，子彈一直留在裡面近 20 年。到醫生取出子彈的時候，本頓已經成了傑克森熱情的支持者。傑克森建議將子彈歸還本頓，但本頓謝絕接受。他說 20 年的保管期，已使產權發生了轉移，子彈的所有權當屬傑克森了。而傑克森說自從上次決鬥到現在還只有 19 年，產權關係沒有發生變化。本頓回答說：「鑒於你對子彈的特別照管（始終隨身攜帶）我可以放棄這一年。」

《尚書》上說：「必定要有容納的雅量，道德才會廣大；一定要能忍辱，事情才能辦得好！」如果遇到一點點不如意，便立刻勃然大怒；遇到一件不稱心的事情，就立即氣憤感慨，這都表示沒有涵養的力量，同時也是福氣淺薄的人。所以說：「發覺別人的奸詐，而不說出口，有無限的餘味！」

應該承認，有些高貴品格是普通人畢生企望但仍根本不可能達到的；可人的雅量卻是完全能夠透過修練而得到，甚至可做到「隨心所欲」的境界。不信？只要自己有意識地試一試就行。

誰都難免會與十分討厭的人偶然狹路相逢，儘管有人可以裝作很隨便的樣子，竭力扮作瀟灑樣揚長而去。但很多有雅量的人卻不會那樣去做，而且沒有絲毫的裝模作樣，面對對方漠然的臉孔和布滿疑惑的眼神，坦然地挨肩而過。這些人輕鬆地抹去了粗魯的傷害與侮辱的陰影，用友好的陽光裝滿了雅量的酒杯，小抿一口，自是清香濃烈。當不期而遇的挫折、誤解、嘲笑等等迎面而來時，相信並依靠個人的雅量吧，那是驅逐並能夠戰勝這一切煩惱和痛苦的忠實朋友。

能否擁有雅量，關鍵靠三點：一是平等的待人態度。不自認為高人一等，保持一顆平常心，平視他人，尊重他人；二是寬闊的胸襟。心胸坦蕩，虛懷若谷，聞過則喜，有錯就改；三是寬恕的美德。能夠仁厚待人，

容人之過，「宰相肚裡能撐船」，而不是斤斤計較，睚眥必報。由此看來，在雅量的背後，實際上反映的是一個人的素養和品行。如今的一些人之所以難有雅量，除了外部環境的影響外，更主要的原因恐怕還是在於以上幾個方面的修練不到家，素養與品行上尚欠火候。

幽默可以提升領導魅力

美國歷史上的許多重要人物，比如林肯（Abraham Lincoln）、羅斯福、威爾遜（Thomas Woodrow Wilson）等，都是幽默感十足的人。

有一次，一位從俄亥俄州來的鄉紳，名叫白蘭德，在謁見林肯總統之時，曾陷於難堪的窘境。

當他與林肯談話的時候，有一隊士兵來到總統府門外，列隊站立，等待林肯總統訓話。

林肯請白蘭德一道出來，倆人邊走邊談，來到迴廊之時，軍士們齊聲歡呼起來，一副官趨至白蘭德面前，請他退下數步。此時林肯機智幽默地對來客說：「白蘭德先生，您得知道，他們有時也許分辨不出誰是總統呢！」

在那令白蘭德難堪的一瞬間，林肯用了他善意的幽默，挺身而出解救了來客。他只拿自己開了一個小玩笑，便使窘迫的局面化為一個會心愉快的微笑。使他的客人，代表一個州民眾和鄉紳的白蘭德，內心感到非常溫暖，對林肯的敬意也油然倍增。

誰都知道幽默的價值在於使人怡然自得，從而博得他人的好感。像林肯一樣，許多領袖人物都以善於引人愉悅而著稱於世，幽默已成為他們公認的領導方法之一。

有一位年輕人最近當上了董事長，上任第一天，他便召集公司職員開會。他自我介紹說：「我是傑利，是你們的董事長。」然後打趣道：「我

生來就是個領導人物，因為我是公司前董事長的兒子。」參加會議的人都笑了，他自己也笑了起來。他以幽默來證明他能以公正的態度來看待自己的地位，並對之具有充滿人情味的理解。實際上他委婉地表示了：正因為如此，我更要跟你們一起好好地做，讓你們改變對我的看法。

人人都喜歡與幽默的人一起相處。在西方，沒有幽默感，簡直就是沒魅力且愚蠢的代名詞。運用幽默進行管理，管理者往往可以取得很好的效果。一些著名的跨國公司，上至總裁下到一般部門經理，已經開始將幽默融入日常的管理活動當中，並把它作為一種新的培訓手段。幽默的領導者比古板嚴肅的領導者更易於與下屬打成一片。有經驗的領導者都知道，要使身邊的下屬能夠和自己齊心合作，就有必要透過幽默使自己的形象人性化。

幽默能穩定集體的情緒，特別是當一個集體正醞釀著一場衝突時。這時，恰到好處地說幾句幽默風趣的話便能緩和緊張的氣氛，可以使劍拔弩張的情緒平穩下來。

著名的挪威探險家索爾·海爾達（Thor Heyerdahl）在為「康提基號」挑選船員時，就十分注意他們是否有足夠的幽默感。他曾經這樣寫道：「狂暴的寒風、低沉的烏雲、彌漫的風雪，但這與 6 個由於性格不同、主張不一的人組成的團隊可能出現的威脅相比，只算是較小的危險。我們 6 個人將乘坐木筏，在洶湧的海洋上漂流好幾個月。在這種條件下，開開有益的玩笑，說幾句幽默的話，對我們來說，其重要性絕不亞於救生圈。」

英國前首相威爾遜（Harold Wilson）與一個小孩有過一件趣事。

有一天，威爾遜為了推行其政策，在一個廣場上舉行公開演說。當時廣場上聚集了數千人，突然從聽眾中扔來一個雞蛋，正好打中他的臉。安全人員馬上下去搜尋鬧事者，結果發現扔雞蛋的是一個小孩。威爾遜得知

之後，先是指示員工放走小孩，後來馬上又叫住了小孩，並當眾叫助手記錄下小孩的名字、家裡的電話與地址。

臺下聽眾猜想，威爾遜是不是要處罰小孩子，於是開始騷亂起來。這時威爾遜要求會場安靜，並對大家說：「我的人生哲學是要在對方的錯誤中，去發現我的責任。剛才那位小朋友用雞蛋打我，這種行為是很不禮貌的。雖然他的行為不對，但是身為首相，我有責任為國家儲備人才。那位小朋友從臺下那麼遠的地方，能夠將雞蛋扔得這麼準，證明他可能是一個很好的人才，所以我要將他的名字記下來，以便讓體育大臣注意栽培他，使其將來成為我國的棒球選手，為國效力。」威爾遜的一席話，把聽眾都說樂了，演說的場面也更加融洽。

也許有人會說，威爾遜是小題大做、故弄玄虛。但不管怎麼說，他懂得從別人的過錯中發掘長處，積極尋找具有建設性的建議，不僅讓不愉快的事情隨風而逝，而且還將壞事化為好事，幫助自己擺脫尷尬的境地，同時建立自己豁達從容的領導形象。

古板的職場更需要幽默

李明是一家日用品企業的經理，以前在做組長的時候，帶領一個小團隊，還能和大家打成一片。後來做了經理，很多管理層的人都跟他說，要建立自己的威信和影響力，平時工作嚴肅點，對下屬不要太隨便。於是他也試著，就事論事地認真按程序和規則來處理工作上的事情和員工的工作。但他感覺，團隊變得死氣沉沉，不苟言笑，他想讓大家變得更加有活力一點，但是不知道如何掌握活躍氣氛的尺度。李明該如何做？

其實，在工作中打破嚴肅，運用玩笑和幽默並不只是好玩的把戲，愉快的心情和提高生產效率應該是相輔相成的。如今競爭日益激烈，企業員

工面臨超乎尋常的壓力。而運用輕鬆的氣氛來進行管理，往往可以取得很好的效果。根據美國針對 1,160 名管理者的調查顯示，77％的人在員工會議上以講笑話來打破僵局；52％的人認為幽默有助於其開展業務；50％的人認為企業應該考慮聘請一名「幽默顧問」來幫助員工放鬆；39％的人提倡在員工中「開懷大笑」。

世界最大的零售企業沃爾瑪（Wal-Mart）的創始人山姆‧沃爾頓（Sam Walton）曾向他的員工們提出一個挑戰 —— 倘若員工們能在財政年度內實現創紀錄的利潤，那麼，他將在華爾街上跳草裙舞。結果，員工們實現了不可思議的收益，山姆先生真的穿著草裙當眾在美國金融中心跳舞。

又比如開心幽默的氣氛還可以化解在企業裁員過程中出現的各種陰鬱氣息。例如美國歐文斯纖維公司計畫解僱 40％的員工。該公司專門聘請了幽默顧問，利用兩個月的時間對 1,600 多名員工施行了幽默計畫，在公司內開展了各種幽默活動。結果，在裁員過程中沒有出現公司所擔心的聚眾鬧事、陰謀破壞、威脅恫嚇等可怕後果。

全天下的辦公室都有一個通病：只要老闆在現場，空氣瞬間凝固，令人窒息。若要談笑也只有老闆自己敢談笑。等到老闆離開，空氣頓時清爽多了，歡笑聲四起，靈感時時迸發。這倒也不是員工個個投機取巧，而是背後少了一雙監視的眼睛，心情放鬆了。

其實，不論老闆還是下屬，都可以在平淡無奇的工作中製造一些令人開懷的事情。

有時候，老闆可以忽然幽默一下。例如，在給下屬的批准文件中畫一個笑臉，寫上一句「辛苦你了！」保證讓他銘記一生。又比如主管近來「表現」良好，在高層會議中維護同仁，為同仁爭取權益，下屬就可以在每天的工作報告中，夾著一張電腦列印的「獎狀」，並告訴他「同仁們覺

得主任近來表現良好，記嘉獎一次」。拍馬屁嗎？那有什麼關係，哪個人不希望受到鼓勵？而且偶爾拍拍馬屁可以換來老闆的青睞，何樂而不為？

　　無聊的公文中也會有好玩的事發生。有的私人機構沒有外企的待遇，卻挺喜歡學外企的樣子，每天要員工寫工作報告、交公文。有一次，在私企工作的小美要報銷出差的交通費，照理老闆該在主管欄簽名，可是他卻把名字簽在「司機姓名」一欄中，小美拿回來看了大樂：「老闆當司機幫我開車耶！」

　　通常向公司請錢買東西很困難，下屬越想買的老闆越反對，所以申請能「提升工作效率」的辦公室設備大有訣竅。有個部門想買臺小冰箱，申請時卻被老闆否決，過一陣子他們還是申請買冰箱，只不過在申請單的品項一欄裡改寫成：「人工智慧溫度調節器」，居然就過關了。同理可證，當你喝膩了三合一即溶咖啡包，想在部門裡買一臺咖啡機時，不妨就寫「高效能熱量流動系統」，也許成功的機率就大很多。

　　下屬與主管意見不合時，通常主管會說：「到底誰說了算？」不想如此強詞奪理、試圖表現得溫和一點的主管，不妨換個角度表態：「你可以試試說服我，雖然可能只有我的上司辦得到。」

　　主管對下屬的信任可以用很多方式表達。一次有位主管急急忙忙未敲門就進了下屬的辦公室，沒想到這位下屬太累，居然在桌上打起瞌睡。他看到後的反應是：「對不起，我打擾了你的工作習慣。」隨後把門關上。一句麻辣味的幽默，潛臺詞。相信下屬自有工作節奏，不在乎他們喝茶看報，只要能把事情做完。

　　想要提高或挽救公司的業績，疾言厲色往往適得其反，最好能有技巧地告訴下屬：「如果把圖表倒過來看的話，本季的業績似乎不錯。」或者：「我們最近做的訂單，是兩塊薯餅與六瓶可樂。」暗示大夥很久沒出訂單了。

在職場中生存不僅要嚴陣以待,有時更需幽默來點綴。幽默其實就是一門交際藝術,它可以讓你保持輕鬆的心情,提高工作效率,甚至能在關鍵的時刻幫你渡過難關。不過,幽默的運用還必須講究技巧,俗話說「一句話說得讓人跳,一句話說得讓人笑」。同樣目的,如果你的表達方式不同,造成的後果也大不一樣。所以,你不妨向那些職場「開心果」們學習,他們特別擅長發揮幽默,每次開口就像舞動一根金光閃閃的魔杖一樣,蒼白的辦公室生活立刻會開出五顏六色的花朵來。

幽默是一種人生境界

1981 年 3 月 30 日,當美國總統雷根(Ronald Reagan)被刺時,白宮新聞祕書詹姆斯·布雷迪(James Brady)也受到了重傷,子彈從他的前額射入,鮮血直流撲倒在地,當時許多新聞機構都報導了他死亡的消息,因為沒有人能相信,大腦受此重創的人還能活命。

但是,就在六年後,他竟然奇蹟般地克服了半邊大腦受損的行動不便,能夠和妻子一同外出旅遊,而且一如既往的幽默。當時,他對記者說的一段話讓人記憶猶新:「幽默感,使我能撐下來。厄運是會打擊我,但它打不倒幽默感的那種深度!」

想一想,這幽默感究竟是什麼?它是面對不同環境的積極的態度。第一次將英語「humour」翻譯為「幽默」的是現代著名學者林語堂。林語堂本身也是一個幽默大師,他曾經自嘲道:「人越老,夢越少。人生總是由理想主義走向寫實主義之路。」

人們都希望自己的生活中能夠多一些快樂,少一些痛苦,多些順利少些挫折,可是命運卻似乎總愛捉弄人、折磨人,總是給人以更多的失落、痛苦和挫折。

第二章　讓幽默為人格增添魅力

　　人生在世，誰都會遇到厄運，適度的厄運具有一定的積極意義，它可以幫助人們驅走惰性，促使人奮進。因此厄運又是一種挑戰和考驗。我們的生活因厄運變得豐富而多彩，我們的性格因坎坷而錘鍊得成熟。厄運來臨 —— 與厄運挑戰 —— 在戰鬥中昇華自己，這就是逆境與厄運的意義所在。

　　人生重要的不是擁有什麼，而是經歷了什麼，任何坎坷的經歷都是一種寶貴的人生財富。

　　英國哲學家培根（Francis Bacon）說過：「超越自然的奇蹟多是在對逆境的征服中出現的。」關鍵的問題是應該如何面對厄運與不幸。最難的境界是在逆境中學會幽默。要在逆境中學會幽默卻相當不易……挫折，成功，失敗，有幾個人能看透？又有幾個人能夠做到從容？

　　逆境中的幽默可以讓人心平氣和，不急不怒，能讓人仔細分析所處困境，理清思路，找出解決辦法，順利渡過難關。從心理學的角度來講，不利局面下能保持幽默會給競爭對手以極大的心理壓力，此時的幽默會讓對手心驚膽戰，不寒而慄。順境中的幽默也可以讓人保持心態平靜，戒驕戒躁，可以讓人看清鮮花叢中的荊棘，看到陽光道上的陷阱，使人頭腦清醒，繼續勇往直前。

　　假如我們的日常生活中多一點幽默，少幾分呆板，是不是會增添生活的愉快和人們對生活的熱愛？如果我們的工作中多一些幽默，少幾分冷峻，是不是會減輕工作的重負、增進工作的熱情？如果我們在思考時能多一些幽默，少一些照本宣科，用幽默來創造一種融洽、輕鬆、和諧、友善的氣氛，這將會增加我們的吸引力、說服力、凝聚力！

　　幽默是一種人生的高超境界。

第三章

口吐蓮花，拉近距離

第三章　口吐蓮花，拉近距離

　　世上難事千千萬，最難的還是人際關係。人際關係一旦搞好，其他的難事也會變成易事，因為事情總歸是人做成的，有了別人的幫忙，再難的事也會變得容易起來。而若一個人的人際關係惡劣，即使是很容易的事情也容易搞砸，這是因為人際關係惡劣的人不僅得不到別人的幫助，還可能會受到別人的故意刁難與打擊。所以，人際關係的好壞，對一個人的事業發展與生活品質起著至關重要的作用。人際關係好的人，可以透過借力來達成自己的目標；而人際關係惡劣的人，在實際目標的路上得到的只是阻力。

　　幽默不僅能給我們的生活帶來笑聲，帶來歡樂，而且能使我們拓寬人際關係，增長才幹，在人生的歷程中獲得成功。美國心理學家赫伯·特魯（Herb True）寫過一本名為《幽默就是力量》的書。他認為，幽默是一種藝術，是運用你的幽默感來改善你與別人的關係，並增進你對自己真誠的評價的一種藝術。

　　有幽默感的人，在人際關係上總是很成功。幽默所包含的特性是逗人快樂，所包含的能力是感受和表現有趣的人和事，製造愉悅的氣氛。對於個人而言，懂得幽默的人往往比不懂幽默的人更具有吸引力和凝聚力。人們在生活中需要與人互動，在這時幽默就是心靈與心靈之間快樂的天使，擁有幽默就擁有愛和友誼，凡具有幽默感的人，所到之處，皆是一片歡樂和融洽的氣氛。

　　有人說：「笑是兩人之間最短的距離。」會心一笑，可以拆除心與心之間的戒備；超然一笑，可以化解人與人之間的隔膜；開懷一笑，可以放鬆身心 —— 這就是幽默談吐在人際互動中的巨大作用。

第一印象幽默開場

　　俗話說，好的開始是成功的一半。在人與人之間的互動中，第一印象的好壞在很大程度上決定你們日後互動的程度與深度。人的第一印象來源於言、行與形象。開場白──也就是你與別人見面的開始幾句話非常重要，它直接決定了對方有沒有興趣和你繼續交談。

　　在刀耕火種的遠古年代，血腥彌漫的狩獵與部落之間的戰爭隨時都在地球上上演。先民們手上經常拿著石塊或棍棒等武器。他們遇見陌生人時，如果大家都無惡意，就要放下手中的東西，並伸開手掌，讓對方撫摸手掌心，表示手中沒有藏武器。這種習慣逐漸演變成今天的「握手」禮節。見面握手表示自己沒有敵意，而見面若能帶點禮物則更令人欣喜。有個禮物不用破費，叫做「幽默」。如果你能在與人見面時帶上幽默作為禮物，給人快樂，人必會喜歡你、回饋你。這是因為人們能夠感受到幽默，進而激發起自己身上的幽默感。透過給予和回報，雙方在內心產生了無聲的和諧共振，其溝通的途徑是從你移動到我，再從我移向你。這樣，誰付出的越多，得到的也就越多。

　　我們可以將這種幽默風趣運用到生活與工作中去，用輕鬆與笑容感染每一個人。授人玫瑰，手有餘香！你給了別人歡樂，別人會回報你歡樂與喜歡。

　　悅納別人──這是與人溝通的一個重要途徑，而幽默正是達到這個途徑的捷徑。

幽默讓人如沐春風

　　一個具有幽默感的人，能時時發掘事情有趣的一面，並欣賞生活中輕鬆的一面，建立起自己獨特的風格和幽默的生活態度。這樣的人，容易令人想去接近；這樣的人，使接近他的人也分享到輕鬆愉快的氣氛，這樣的人，更能增添人的光彩，更能豐富我們生活的這個社會，使生活更具魅力，更富藝術。

　　剛拿到駕照的表姐開車載小娟去逛街。在商場前的停車場裡，表姐看看這個停車位說：「太窄了，不好進車。」

　　看看那個車位又說：「這個車位進去容易出來難。」

　　再找一個車位，她還是皺眉頭：「車位的角度不好，倒車有些困難。」

　　小娟見了，拍拍頭叫道：「我想起來了，離這裡兩三公里有一個大停車場，絕對寬敞，公車都能進出自如，不然我們就把車停那裡去，再坐計程車回來逛街？」

　　表姐略帶羞赧地笑了，終於不再緊張，並在輕鬆的心情下將車緩緩倒進了車位。

　　幽默的用心是愛，而不全是諷刺。真正的幽默是從內心湧出，更甚於從頭腦湧出。

　　早期的火車並沒有空調設備，乘客又不能隨意打開車窗，因為蒸汽車頭的煤煙，隨時可能飄進車廂中，將每個人弄得灰頭土臉。尤其在炎熱的夏天，搭乘火車旅行，對當時的人們來說，是件苦不堪言的差事。就在這樣一班炎夏的火車上，車廂中的每個乘客悶熱難當，一陣陣汗臭飄在車廂之中，任誰也沒有勇氣去打開車窗，窗外是更要命的煤煙。

　　時間已過正午，當時餐車尚未發明，只有等待火車靠站時，向月臺上的小攤販購買午餐。

　　緊閉的車廂中，悶熱加上飢餓，汗水和焦躁呈現在每個人的臉上，抱怨聲此起彼落，車廂中除燥熱不安外，又變得嘈雜紛亂。

　　突然，又傳來一聲小女孩的尖叫：「媽，弟弟咬我──」眾人緊繃的神經，不由得繃得更緊了，準備接受連珠炮似的母親責罵聲。

　　在一瞬間的沉靜當中，只聽到溫柔的聲音響起：「喔，從你手臂上的齒痕看來，弟弟是真的餓慌了。再忍耐一下，等火車靠站，媽媽買東西給你們吃，好嗎？」

　　車廂內霎時變得清涼了許多；乘客焦慮的臉上，也多了一絲甜甜的笑容。

　　幽默不一定是令人捧腹的笑話，有時一個眼神、表情，一句簡短的提醒，就能達到極度幽默的效果。好的幽默，帶有溫馨與關懷且令人微笑。也許你是個身居要職的官員，所以你不願跟看門老人一起笑；也許你是個博學之士，因而不欣賞智力平平的人。這實際上是你自己切斷了與這個世界的連繫面，你的身分、地位對人性的需要毫無用處，當然，你也就失去了本應互動、接觸的社會面。

　　用笑來面對日常生活中引起我們不快的小事情，不快的情緒就會消失。藉著笑的分享，你就可以把瑣細的問題擺在適當的位置，它和你整個生活相比就顯得很微小了。你也會因此提醒別人，這有助於他們輕鬆地面對失意，你會使他們重振精神。

　　當你在等待的時候，也可以創造幽默與他人共用。當你在超市的結帳出口或銀行大排長龍的時候，是和其他人一樣等得焦躁不安、暴跳如雷呢？還是拿出幽默的力量與別人分享呢？

「笑果」好極了

很多時候，我們託人辦事或者求人諒解，對方總是不鬆口。這個時候，也許幽默是最好的潤滑劑。笑其實表示對方對你的心理上的認可。笑過之後，還有什麼不能溝通與諒解的呢？

笑是一株能結出豐盛果實的樹，笑過之後的效果好極了。也許有人會問，哪些話容易形成幽默，給人帶來笑聲呢？

幽默的最簡單的表現方法就是令人驚奇的發笑。康德（Immanuel Kant）所講的「從緊張的期待突然轉化為虛無」正是來自幽默的結構常常能造成使人出乎意外的驚奇結果。例如，爸爸對兒子說：「牛頓坐在蘋果樹下，忽然有一個蘋果掉下，落在他的頭上，於是他發現了萬有引力定律，終於成為一個科學家！」

「可是，爸爸，」兒子從書堆中站了起來，「如果牛頓也像我們這樣整天放學了還坐在家裡埋頭看書，會有蘋果掉在他頭上嗎？」

本來爸爸是講牛頓受蘋果落地的啟示，但兒子卻冷不丁冒出一句含有不應該埋頭讀書的結論，真是出乎意外，超出常理。兒子的話在邏輯上是不合常理的，但這樣的話新奇怪異，使人大大出乎意料，所以能引來別人的笑。相信故事中的爸爸在笑過之後，對於自己的教育方式會有所反思。

幽默就是要能想人之未想，才能出奇致笑。有人說：「第一個把女人比喻成花的是智者，第二個把女人比喻成花的是傻瓜。」這句話似乎有點偏激，但新奇、異常的確是幽默構成的一個重要因素。

運用幽默的核心是令人讚嘆不已的巧思妙想，從而產生令人欣賞的歡笑。俗話說：「無巧不成書。」巧可以是客觀事實上的巧合，但更多的是主觀構思上的巧妙。巧是事物之間的某種連繫，沒有連繫就談不上巧。如果能在別人沒有想到的方面發現或建立某種連繫，並順乎一定的情理，就

不能不令人賞心悅目。

比如說，老師：「小明，你們在班上用得最多的三個字是什麼？」小明：「不知道。」老師：「回答得完全正確。」這是一則很值得回味的致笑力很強的幽默小品。你可以笑老師的糊塗：小明說不知道，這是他在告訴老師不知道老師的問題，老師為何還說他正確？你也可以這樣理解自己發笑的原因：小明回答得歪打正著，他的「不知道」正巧符合了答案「不知道」，老師則將錯就錯、移錯為對，倒是一種挺幽默挺機智的裁定方式。其實，怎麼發笑都是有理由的，因為這個幽默本身就是一種「巧」的構成，本身就令人賞心悅目，我們可以從多角度分析，有多種取向。當然，這裡有一個層次深淺的問題。

接下來的兩個故事也是以回答巧妙而產生幽默效果的：某學生的英語讀音老是不準，老師批評他說：「你是怎麼搞的，你怎麼一點都沒進步呢？我在你這個年紀時，已經讀得相當準了。」學生回答：「老師，我想原因一定是您的老師比我的老師讀得好。」

學生乙參加一次考試，老師問他：「你是願意答一道難題，還是願意答兩道簡單的題？」學生答：「還是答一道難題吧。」「好，請你回答：糧食是怎麼來的？」「超市買來的。」「那麼超市的糧食又是從哪來的呢？」「對不起，老師，這已經是第二道題了。」

運用幽默的內容是往往要含有使人忍俊不禁的荒唐言行，從而使人情不自禁地發笑。俗話說：「理不歪，笑不來。」荒謬的東西是人們認為明顯不應該存在的東西，然而它居然展現在我們面前，不能不激起我們心靈的震盪，發笑。張三的女兒週歲那天，有上門祝賀的朋友開玩笑說女兒長大了給他兒子做老婆，兩家結成兒女親家算了。指腹為婚在現代當然已經只是一種玩笑而已，當不得半點真，張三答應下來無傷大雅，粗暴拒絕則

有看不起對方之嫌。但張三居然巧妙地拒絕了，他說：「不行不行，我女兒才 1 歲，你兒子就 2 歲了，整整大了一倍，將來我女兒 20 歲，你兒子就 40 歲了，我幹嘛要找個老女婿！」

風平浪靜的水面，投進一塊石頭，就會一下子發出響聲。常規思維的心理，被超常的資訊攪擾，也會引起心波蕩漾、心潮起伏、心花怒放。奇異、巧妙、荒謬就是這種超常的資訊，就是幽默之所以致笑的要因，也是我們學會幽默應掌握的要訣。

我們說幽默的形式有各式各樣，既有愉悅式幽默、哲理式幽默，也有解嘲式幽默、譏諷式幽默。為了達到幽默的禮儀效果，對同事、對朋友宜多用愉悅式幽默和哲理式幽默，對自我、對友人也可根據情況適當運用解嘲式幽默，對待敵人、惡人則要用諷刺性幽默，以便在幽默譏諷中，給對方以鞭撻。

生活中幽默的使用還必須根據具體情況具體分析，尤其是對於長輩、女性、初次相識的人，幽默一定要慎用。同時，幽默要注意「度」，一旦過了頭，就可能被對方誤解為取笑與譏諷而造成不愉快。

活躍交談氣氛的絕招

很久未見的一對年輕男女，意外在街角邂逅。他們曾經是戀人，後來因為各種原因分了手。他們決定去一家咖啡廳裡坐坐。

在等待咖啡端上來的時間，也許是要說的話太多卻不知從何說起，雙方之間出現了短暫沉默。這時，男的問：「妳攪拌咖啡的時候用右手還是左手？」

女的答：「右手。」

男的說：「哦，你好屬害哦，不怕燙，像我都用湯匙的。」

一句玩笑，場面頓時活躍起來了。他們開始談現在，過去，以及過去的過去……

當氣氛陷入呆滯時，生澀的溝通鏈條上適用的最佳潤滑劑叫「幽默」。

在一次有關產品開發方向的會議中，火爆的爭論後，突然出現沒有人發言而陷入冷場的僵局，主持會議的王經理忙說了一句：「怎麼突然停電了？」短暫「停電」的各位與會人員聽了，皆莞爾一笑，之後繼續各抒己見。

幽默是活躍談話氣氛的法寶，它能博得眾人的歡笑。人們在捧腹大笑之際，超脫了習慣、規則的界限，享受不受束縛的「自由」和解除規律的「輕鬆」，接下來的溝通自然會輕鬆愉快。

很多時候，那些畢恭畢敬的夫妻未必就沒有矛盾，而平日吵吵鬧鬧的戀人可能會更親熱。社交也是如此，若彼此談得開心，開句玩笑，互相攻擊幾句，打一拳、拍兩下，反倒顯得親密無間、無拘無束。

和朋友久別重逢後不免寒暄一番，你完全可以藉此幽默一把。例如見到一個戴了帽子的朋友，你可以用羨慕的口氣對他說：「老兄你真的是帽子向前，不比往年啊。」輕鬆幽默的高帽子立刻使整個氣氛變得異常活躍，友情更加深一層。

社交需要莊重，但長時間保持莊重氣氛就會使人精神緊張。寓莊於諧的交談方式比較自由也比較輕鬆，在許多場合都可以使用。用幽默、詼諧的語言，同樣可以表達較重要的內容。

交談中，不時穿插一些意想不到的、貌似荒謬而實則有意義的問題，是很好的一種活躍氣氛的形式。那些一本正經的人會給人古板、單調、乏味的感覺，也會把交談變得索然無味。也許會有人時常問你一些荒謬的問題，如果你直斥對方荒謬，或不屑一顧，不僅會破壞交談氣氛、人際關

係，而且會被人認為缺乏幽默感。因此，答非所問，是一個極好地解決這類問題的辦法。

在相聲裡，懸念是相聲大師的「包袱」。交談中有意製造懸念，會使人更加關注你的一舉一動。當大家精力集中、全神貫注時，你抖開「包袱」，讓人們發覺這是一場虛驚，大家都會付之一笑，報以掌聲。

運用反話正說的方法，重要的一點在於處理好一反一正的關係。在交談中，準備對對方進行否定時，卻先來一個肯定，也就是在表達形式上，好像是肯定的，但在肯定的形式中巧妙地蘊藏著否定的內容。正說時要一本正經，煞有介事，使對方產生聽下去的興趣。然後，再以肯定的形式抖出反話的內容，與原先說的正話形成強烈的對比，從而產生鮮明的諷刺意味，讓人信以為真，增加談話的效果。

反話正說能引人入勝，正話反說也頗意味深長。正話反說，就是對某一話題不作直接的回答或闡述，卻有意另闢蹊徑，從反面來說，使它和正話正說殊途而同歸。這樣便可以避免正面衝突，含蓄委婉，人情人理，收到一種出奇制勝的勸諭和諷刺效果。有時正話反說的曲折手法，可使人們在輕鬆的情境中相互溝通，使緊張的局面得到緩解。

自我解嘲，顧名思義就是自己嘲諷自己，調侃自己，這也是正話反說的一種。它是一個人心境平和的表現。它能製造輕鬆和諧的交談氣氛，能使自己活得輕鬆灑脫，使人感到你的可愛和人情味，從而改變對你的看法。美國一位身材肥胖的女士曾經這樣自我解嘲：「有一次我穿上白色的泳裝在大海裡游泳，結果引來了蘇聯的轟炸機，以為發現了美國的軍艦。」引得聽眾哈哈大笑。結果，肥胖成為她的特點，使她在社交中處於優勢。在交談中，適時適度地「自嘲」，調侃一下自己往往會收到妙趣橫生、意味深長的效果。

領略他人的幽默

幽默力量使得給予和獲得的雙方承認共同的問題，能使人站在對方的立場上來看待事情。我們若不能領略別人的幽默力量對我們有所貢獻，也就不太可能以自己的幽默力量來激勵別人。為了表現我們重視別人帶來的好處，就要與人一同笑。

有時候一句廣告就可以表現幽默力量。例如：小吃店門口寫上「不好吃不要錢」，或者「一碗牛肉麵，力拔山河氣蓋世」，或者「本店徵求顧客，無需經驗」；顧客看到這樣的廣告，會先對這家小店表示好感，吃起來也格外覺得好吃。

某地旅遊公司在做廣告時，不僅沒有「老王賣瓜 —— 自賣自誇」，反而鄭重列舉出在本地旅遊有十大「危險」，警告遊客：

1. 當心吞下舌頭或脹破肚子，因為這裡的食物過於美味。

2. 當心晒黑皮膚或脫幾層皮，因為這裡的海灘過於迷人。

3. 當心潛在海底太久而忘了上來換氣，因為這裡的海底生物令人著迷。

4. 當心底片太少不夠用，因為這裡的山川景色美不勝收。

5. 當心登山臨淵累壞您的身體，因為這裡的山青水碧，令人流連忘返。

6. 當心墜入愛河不能自拔，因為這裡是談情說愛、歡度蜜月的世外桃源。

7. 當心買的東西太多不易帶，因為這裡的物價太便宜。

8. 當心被這裡的豪華酒店、賓館寵壞，因為這裡的服務太體貼入微。

9. 當心與本地所有的人都交上朋友，因為他們太友善好客。

10. 當心樂不思蜀，不願歸去。

第三章　口吐蓮花，拉近距離

　　該公司把這些言論編成小冊子，大量印刷，免費贈送。「危言聳聽」的廣告宣傳，使得遊客們個個躍躍欲試，都希望早點到這個「危險」的地方去飽受「恐怖的折磨」。幽默力量使得給予和獲得的雙方承認共同的問題，能使人站在對方立場來看待事情。例如垃圾車上標示著「保證滿意，否則加倍奉還垃圾。」

　　美國音樂指揮家史托科夫斯基（Leopold Stokowski）經常光顧一家小餐廳；老闆每天都用豐盛餐點招待他，卻不肯收他的餐費。

　　一天，他忍不住問老闆：「你為什麼對我這麼客氣？我又不是付不起飯錢？」

　　老闆說：「我非常尊崇音樂，不在乎您的飯錢。」史托科夫斯基聽了很感動。可是，當他走出餐廳，卻發現櫥窗裡掛著一塊看板，上面寫著：

　　「請至本餐廳和偉大的音樂指揮家史托科夫斯基共進早餐、午餐和晚餐。」

　　也許他人以其幽默力量能為我們做的，最重要的事是幫助我們消除因工作而帶來的緊張，驅逐挫折感，並解決問題。

　　羅氏一家人專門從事危險行業，就是用炸藥毀壞建築物。當然我們可以理解他們做這一行工作，心理上會有多麼緊張。但是羅氏一家人用幽默力量來消除緊張 —— 常和當地記者聊天，說些荒謬的故事。

　　有一次就在大爆破工作之前，新聞記者問他如何處理飛沙和殘磚。羅先生一本正經地解釋道：

　　「我們向生產三明治包裝袋的公司訂製了一個特大號的塑膠袋，然後直升機在大樓上空把它扔下來。」

　　記者為這虛構的笑話笑彎了腰。而第二天羅氏兄弟從報上讀到這一則新聞時，也爆出陣陣笑聲而鬆弛了緊張的心情。

荒謬的故事也能因其趣味增進個人工作的價值而驅逐挫折感。兩位保險公司業務員的例子可以說明這一點。

兩位保險員爭相誇耀自己的保險公司付款有多快。第一位說，他的保險公司十次有九次是在意外發生當天，就把支票送到保險人手裡。

「那算什麼！」第二位取笑說：「我們公司在李氏大廈的 23 樓。這棟大廈有 40 層高。有一天我們的一個投保人從頂樓跳下來，當他經過這 23 樓時，我們就把支票交給他了。」

第三章　口吐蓮花，拉近距離

第四章

衝突尷尬，巧妙化解

第四章　衝突尷尬，巧妙化解

在人際互動中，凡具有幽默感的人，所到之處皆是一片歡樂和融洽的氣氛。「所謂幽默，是到了口的肥鴨竟然飛了而且還一笑置之。」可是有很多人都在心疼那隻飛走的鴨子。缺乏幽默感的人往往內心浮躁，於是在廣場街頭因磕磕碰碰而大打出手的場景就屢見不鮮。而英國作家蕭伯納（George Bernard Shaw）有一次被人撞倒在地，爬起來卻對那個連聲道歉的青年說：「先生，很可惜！你的運氣不好，你如果把我撞死了，你就可以名揚四海了！」

有一年愚人節，美國一家報紙的玩笑開大了，竟說目前活得健康滋潤的馬克吐溫去世了！這不眼見著要鬧風波嗎？可是馬克吐溫本人卻出面安慰報社的總編和社長，說你們的報紙說我死了是千真萬確的，只不過是把日子提前一點罷了。

在無法避免的衝突中，是拍案而起、橫眉怒目，還是幽默應對、舉重若輕？有一天，某作家在公園散步。在一條只能走過一個人的要道上，他迎面遇到了一個曾經對他的作品提過尖銳意見的批評家。這位批評家高聲喊道：「我從來不給傻瓜讓路！」「而我恰恰相反！」歌德（Johann Wolfgang Von Goethe）邊說邊笑著讓開了道路。幽默高手的高明在於即使到了狹路相逢時，也不像普通人那樣讓心靈被怒火燒得扭曲起來，而是仍然保持相當的平靜。在對方已感到別無選擇時，幽默高手仍然有多種多樣的選擇。

當人際互動的齒輪被摩擦得發澀時，幽默的作用就是使齒輪不致被碰撞得火星四濺，傷痕累累。二戰期間，英國首相邱吉爾來到華盛頓，遊說美國加入反法西斯同盟。一天早晨，他泡在浴缸裡抽雪茄，肥大的肚皮露出水面。這時美國總統羅斯福走了進來。兩位大人物如此相見，有些尷尬。邱吉爾說：「總統先生，我這個英國首相在您面前可是一點隱瞞都沒

有了。」賓主雙方相視一笑。邱吉爾以寥寥數語化解了尷尬的場面，並為兩人以後的會談營造了良好的氣氛。除了政治家，普通人也同樣具備幽默感。一對新婚夫婦走向洞房，見到門口貼著「新婚指南」，寫著：第一條，太太永遠是對的；第二條，如果太太錯了，請參閱第一條。

擺脫尷尬並不難

小李走在街上，看見前面有個人很像他的朋友，上前重重拍了一下他的肩膀，才發現自己認錯了。

「對不起，我以為你是我的朋友老王。」小李不好意思地說。

「即使我是老王，你也不該拍得那麼重呀！」那人摸著生痛的肩膀咕噥道。

「這話就不對了，我拍老王一下，輕重跟你有什麼相干呢！」小李見對方有些生氣，忍不住幽默了一下。果然，對方哈哈大笑，然後各自走路。

小李因為誤會錯拍了對方，連忙道歉，這本身並不無幽默之處，幽默之處就在於他巧借了對方的一聲埋怨當前提形成與常理的強烈反差。實際上，小李事先承認自己拍錯人了，但聽到對方的抱怨之後便轉口否認了這點，所以他最終反而聲稱自己拍的是老王，而不是別人，面對這樣一個幽默的人，對方還能發作得起來嗎？

尷尬在笑聲中冰釋，皆大歡喜的結局對誰都沒有壞處。帶著微笑看人生，人生的苦惱不是會減少許多嗎？

張經理中年禿頭，在一次重要酒會上，他所宴請的客戶方的一個年輕人在敬酒時不小心灑了一點啤酒在張經理頭上，張經理望著驚慌的年輕人，用手拍了拍對方的肩膀說：「年輕人，用啤酒治療禿頭的方法我實驗

過很多次了，沒有書上說的那麼有效，不過我還是要謝謝你的提醒。」

全場頓時爆發出了笑聲。人們緊繃的心弦鬆弛下來了，張經理也因他的大度和幽默而頗得客戶方的讚許。張經理用他的幽默，巧妙地處理了宴會中的雜音，完成了既定的目標。

馬克吐溫心不在焉的毛病是很出名的。一天，馬克吐溫外出乘車。當列車員檢查車票時，馬克吐溫翻遍了每個口袋，都沒有找到。

這個列車員認識他，就對馬克吐溫說：「沒有什麼大關係，如果實在找不到，就補一張吧。」

「補一張？說得輕鬆！如果我找不到那張該死的車票，我怎麼知道我要到哪裡去呢！」

馬克吐溫的一席話，既活躍了氣氛，又為自己找不到車票做了一個巧妙而又合理的解釋：是健忘而非故意逃票。

有一位女歌手舉辦個人演唱會，事前舉辦方做了大量的宣傳，但到了演出的那天晚上，到場的觀眾不到一半。女歌手沒有面露失望的表現，相反，她鎮定地走向觀眾，拿起麥克風，面帶微笑地說道：「我發現這個城市的經濟發展迅速，大家手裡都很有錢，今天到場的觀眾朋友每人都買了兩三張票。」全場爆發出了熱烈的掌聲。第二天的許多媒體娛樂版的報導，也紛紛為這位歌手的豁達和幽默叫好，為原本陷入尷尬的女歌手樹立了良好的形象。

無獨有偶。一位著名的歌手參加一個大型的露天晚會。她在走上舞臺時，不慎踢到臺階突然摔倒。面對這種情況，如果什麼也不說就站起來，就會給全場觀眾留下不好的印象，但她急中生智，說道：「看來走上這個舞臺不是一般人都能來的，門檻真高呀！」大家都笑了，她更是保持了自己的風度，巧妙地借幽默擺脫了尷尬。

誰沒有過尷尬的時候呢？面對尷尬，你如何面對呢？這時你一定要鎮定機智，千萬不能陣腳大亂，要利用自己的聰明才智說上幾句幽默的話，幫你走出困境，解除尷尬，樹立自信。

首先要鎮定，千萬不要為窘境而驚惶失措。在這樣的窘境中，主要是面子上過不去，自尊受到別人的傷害。所以首先要勇敢面對，鎮定自若，尋找反擊或解脫的方法，打破自己的處境。

其二要對對方的話語或情景分析，迅速地找到受到窘境的原因，然後做出想像的、荒謬的解釋，巧妙消除對方的攻擊，或對窘迫處境作超常邏輯的解釋，並使眾人和你一起分享快樂和輕鬆。

給對方一個臺階

在交際過程中，難免會遇到一些尷尬的事情，讓氣氛驟然緊張、難堪，學會給對方一個「臺階」下，不僅緩和了對方的緊張心理，讓事情得以順利發展，而且還會讓彼此的關係得到進一步的增進。要達到這樣的目的，我們不妨學習使用以下的三種技巧。

變換談話的氣氛

在一個嚴肅的場合，在場者常常會被一兩件突發事件搞得哄堂大笑，這嚴重破壞了嚴肅場合的莊重氣氛，不利於活動的繼續推進。面對這類突發事件，我們應當表現出較強的自制能力，盡量不受其影響，然後拿出一如正常狀態下的嚴肅態度來應付此事，使之成為正常環節中的普通一環。

第二次世界大戰期間，一位德高望重的英國將軍舉辦一次祝捷酒會。除上層人士之外，將軍還特意邀請了一批作戰勇敢的士兵，酒會熱烈隆重。沒料想一位從鄉下入伍的士兵不懂席上的規矩，捧著面前的一碗供洗

手用的水喝了，頓時引來達官貴人、夫人小姐的一片譏笑聲。那位士兵一下子面紅耳赤，無地自容。此時，將軍慢慢地站起來，端著自己面前的那碗洗手水，面向全場貴賓，充滿激情地說道：「我提議，為我們這些英勇殺敵、拚死為國的士兵們乾了這一碗。」言罷，一飲而盡，全場為之肅然，氣氛一下變了過來。少頃，人人皆仰脖而乾。此時，士兵們已是淚流滿面。

變換話題的角度

在許多情況下，面對尷尬下不了臺是因為思維框定在正常的狀態之中，這對事態的發展毫無作用。如果我們換一種角度對其尷尬的舉動做出巧妙、新穎的解釋，便可使原本的消極舉動具有了另外的內涵和價值，成為符合常理的行動。

有一次全校語文老師來聽王老師講課，校長也光臨「指導」，這下可使小王困擾了。他既怕課講得不好，又擔心有的學生回答時成績不佳，有失面子。

課上，他重點講解了詞語的感情色彩問題。在提問了兩位同學取得良好效果後，接著提問校長兒子：「請你說出一個形容×××美麗的詞或句子。」

或許是課堂氣氛緊張，或許是嚴父在場，也可能兼而有之，這位兒子一時為難，只是站著。

空氣凝固。王老師和校長都現出了尷尬的臉色。很快，這位老師便恢復正常，隨機應變地講道：「好，請你坐下，同學們，這位同學的答案是最完美的，他的意思是這個人的美麗是無法用文字和語言來形容的。」

聽課者都發出了會心的微笑。

變換對方的處境

突然間發現別人的失誤或錯誤行為，但當這些失誤或錯誤行為不會導致重大的損失出現時，我們應盡量克制自己的情緒，以平靜如常的表情和態度裝作不解對方舉動的實際意圖和現實後果，並且給對方找到一個善意的動機，變換對方的處境，讓事態的發展朝自己所希望的方向推進，以免把對方逼到窘迫的境地。

一天中午，汪老師路過學校操場時，發現前兩天幫助搬運實驗器材的幾位同學正拿著一枚實驗室特有的凸透鏡在陽光下做「聚焦」實驗。他想：他們哪來的透鏡？難道是在搬運時趁人不備拿了一枚？實驗室正丟了一枚。是上去問個究竟，還是視而不見繞道而去？這時，一位同學發現了他，其餘的慌忙站了起來，手拿透鏡的同學顯得很不自在。汪老師從同學們慌張的神情中可以進一步判斷這透鏡的來歷。當時的空氣就像凝固了似的，一分一秒也不容拖延。汪老師快速地構思，終於想出一條處理辦法，他笑著說：「喲，這枚透鏡原來被你們找到了？」凝固的空氣開始流通起來。接著他用略帶感激的語調補充道：「昨天我到實驗室準備實驗器材，發現少了一枚透鏡，以為是搬運過程中丟失了，沿途找了好幾遍都未能找到，謝謝你們幫我找到了這枚透鏡。這樣吧，你們繼續實驗，下午還給我也不遲。」同學們輕鬆地點了點頭，空氣依舊是那麼溫暖，那麼清新。

用幽默表達不滿

如果你在餐廳點了一杯啤酒，卻赫然發現啤酒中有一隻蒼蠅，你會怎麼辦？在你回答之前，讓我們看看別人是怎麼辦的。英國人會以紳士的態度吩咐侍者：「請換一杯啤酒，謝謝！」。西班牙人不去喝它，留下鈔票

後不聲不響地離開餐廳。日本人令侍者去叫餐廳經理來訓斥一番：「你們就是這樣做生意的嗎？⋯⋯」。沙烏地阿拉伯人則會把侍者叫來，把啤酒遞給他，然後說：「我請你喝⋯⋯」德國人會拍下照片，並將蒼蠅委託權威機構做出細菌化驗，以決定是否將餐廳主人告上法庭。美國人則會向侍者說：「以後請將啤酒和蒼蠅分別置放，由喜歡蒼蠅的客人自行將蒼蠅放進啤酒裡，你覺得怎麼樣？」美國人的這種處理方式既幽默，又能達到讓人接受的目的。

一位顧客在某餐廳用餐。他發現服務生送來的一盤雞居然缺了兩隻大腿。他馬上問道：「上帝！這隻雞連腿也沒有，怎麼會跑到這裡來呢？」

一位車技不高的少年，騎單車時看見前方有個過馬路的人，連聲喊道：「別動！別動！」

那人站住了，但還是被他撞倒了。

少年扶起不幸的人，連連道歉。那人卻幽默地說：「原來你剛才叫我別動是為了瞄準呀！」

像以上三個例子的情況，我們在日常生活中會經常碰到。由於有了幽默、灑脫的態度，所以矛盾被巧妙地化解掉。這裡的可喜之處，並不是迴避、無視生活中出現的矛盾，而是以幽默的方式展示一種溫和的批評。設身處地想想，你被騎車人撞倒了，還有心思與肇事者開個玩笑，這修養，不知要多少年的火候才能修練出來。也許，這些故事都是人們編造出來的，但這又何嘗不是人們對那種人與人之間充滿愛心境界的一種呼喚呢！

另一則頗有生活情趣的小幽默，發生在一對好朋友之間。

張三去好朋友李四家做客，李四做了一條魚招待張三。張三吃了一口之後，對魚輕輕地說著什麼，然後將耳朵貼近魚的嘴巴。

李四為張三怪異的舉動而不解，就問道：「你剛才在做什麼呀？」

張三回答：「我在和魚談話。」

李四：「和魚談話？」

張三：「是的，我向牠打聽一下海裡最近的新聞。」

李四來了興趣：「噢？牠怎麼答覆你的？」

張三：「牠說『很抱歉，我已經離開海很久了！』」原來，張三是嫌李四用不新鮮的魚待客。

哈哈哈哈……賓主雙方大笑，桌面上下洋溢著一片歡樂的氣氛。

擺脫兩難的境地

在人際互動中，有時候我們會面臨一個兩難的境地，進會傷及交際對象，退則有損自身利益或形象。這個時候，是最考驗一個人的交際水準的，一著不慎，就會弄得灰頭土臉、裡外不是人。

1879 年印度親王哈耶訪問英國時，英國政界要人茲比格曾在自己家中設宴招待他。

席間，茲比格評論道：「印度人和英國人有一點是相同的，都認為自己的文明高於別人。」

哈耶回答道：「我們這樣說吧，」他停了一停，然後說：「在南亞，印度菜最好；在歐洲，英國菜最好。」

茲比格的評論看似褒獎印度和英國，但實際上充滿了挑戰的味道。道理很簡單：兩國都認為各自的文明要高於別人，那麼這兩國必然有一個高下之分。話雖不多，卻把親王哈耶逼到了一個兩難的境地：如果贊成茲比格評論，雖然肯定了對方的話，但難免陷入英印之間文明的高低之爭，而無論爭論的結果如何，對於政治人物之間的會晤來說都是一場尷尬。如果哈耶不贊成茲比格評論，他除了妄自菲薄承認印度不認為自己文明高於別

人之外，只有「為國家榮譽而戰」而貶低英國 —— 這兩種後果都是作為一個外交訪問的親王所不願看到的。

可以設想，一般人如果遇到這種場面，確實夠為難的。而哈耶則先以「我們這樣說吧」為開頭，對茲比格的話不作正面回答，輕輕一轉，就避開了茲比格的話鋒。言外之意是，我既不同意你的看法，也不反對你的看法，我有另外的看法。僅此一句，就使說話者的自得之意立即消失，而使自己將可能出現的被動變為主動。

緊接著，哈耶又一停，逼著聽話者急於想知道他到底想講什麼，不僅牽住了聽者的注意力，而且加重了即將說出的後半句的分量，然後他說：「在南亞，印度菜最好；在歐洲，英國菜最好。」答話出人意料，又在情理之中，特別是由於停頓所產生的時間效應，巧妙地把印度人和英國人分開，根本不承認二者具有同一特點，這就使茲比格一概而論的武斷批評不能成立。並且「在南亞印度菜最好，在歐洲英國菜最好」這樣一個公認的，誰也不能否認的事實，委婉而又有力地證明：印度和英國的文明，確實有公認的高於別人之處。

哈耶的幽默，一方面維護了本國的形象，做到了作為一個親王所應盡的職責，另一方面也避免了讓對方難堪、窘迫，使宴會仍能保持友好的氣氛。

擺脫兩難時用幽默的例子很多，比如一位書法頗佳的皇帝問一個著名的書法家：寡人與你的書法，誰高誰低？與我們上面談及的英國政要的話一樣，同樣是將對方逼入兩難境地。書法家回答皇帝的書法水準高，不僅有損於自己的聲譽 —— 這還不說，還有「逢迎」之嫌疑：明明自己是聲名遠揚的大書法家，卻硬要屈尊於皇帝之下。而他若回答皇帝的書法水準比自己低，能有好果子吃？毫無疑問，在這種情況之下，任何生硬的、

直接的回答都會讓回答者置身不利局面。好在這位書法家也是一個幽默高手，他回答：「在皇帝當中，陛下的書法水準最高；在臣民當中，不才的水準最高。」短短的一句話，將皇帝的左拳和右拳躲避開來，優雅而又瀟灑地站在皇帝攻擊的圈外。

從以上的兩個例子我們可以看出，擺脫兩難時的幽默，關鍵就是要將「敵我」雙方的交戰平臺拆了，找出兩者之間的不同，重新劃分各自的「勢力範圍」。這樣，兩者之間沒有交戰的平臺，還談什麼較量？你比我高，你就去和身高的人比，我和矮子比；你比我胖，你就去和胖的人比，我和瘦子比；你比我年長，你就去和年長的人比，我和年輕的人比……劃分的方法在你的嘴裡，總有一種劃分方法適合你和你的「敵人」。

幽默地拒絕他人

有一個字，人人都常說，卻沒有一個人愛聽。這個字叫「不」。雖然沒有人愛聽「不」，但人人都「不得不」在某些場合與境地說「不」。

如何既說出「不」，又不讓人覺得難以接受？

美國總統富蘭克林·羅斯福在就任總統之前，曾在海軍部擔任要職。

有一次，他的一位好朋友向他打聽海軍在加勒比海一個小島上建立潛艇基地的計畫。

羅斯福神祕地向四周看了看，壓低聲音問道：「你能保密嗎？」

「當然能」。

「那麼」，羅斯福微笑地看著他：「我也能。」

富蘭克林·羅斯福採用的是幽默含蓄的拒絕藝術，表現了羅斯福為人處世的高手風範。他在朋友面前既堅持了不能洩露的原則立場，又沒有使朋友陷入難堪，取得了極好的語言交際效果。以至於在羅斯福死後多年，

這位朋友還能愉快地談及這段總統軼事。相反，如果羅斯福表情嚴肅、義正詞嚴地說「不」，甚至心懷疑慮，認真盤問對方為什麼打聽這個、有什麼目的、受誰指使，豈不是小題大做，其結果必然是兩人之間的友情出現裂痕甚至危機。

在一個酒吧裡，兩個陌生的年輕男女對話如下 ──

男：「我可以為你買一杯飲料嗎？」

女：「謝謝，我已經有了一杯。」

男：「你能把你的名字給我嗎？」

女：「你不是已經有了一個名字嗎？」

男：「我是攝影師。我一直在尋找一張像你這樣的臉。」

女：「我是整型外科醫生。我也一直在尋找一張像你這樣的臉。」

男：「你身邊的座位是空的嗎？」

女：「是的，如果你坐下，你身邊的座位也會空的。」

男：「我好像以前在什麼地方見過你？」

女：「是的。這就是為什麼我不再去那個地方的原因。」

男：「我想我能讓你非常快樂。」

女：「是嗎？你是說你要離開？」

年輕聰明的女子在多情無賴的男子面前，起先是優雅地拒絕，但隨著男子的死纏爛打，拒絕的力度開始加大。終於忍無可忍，間接地說出了不希望見到對方的話。話雖然有點重，但不失為一種頗有風度的優雅。這一切，都是源於女子的幽默談吐。

一個人要會說「好」，也要在該拒絕的時候會說「不」。不會說「不」，你就不是一個品格完整的人，你會變成一個不情願的奴隸，你會成為別人的需求和欲望下的犧牲品。

有風度地回擊敵意

做人要力避樹敵，但一個有才能的人是避免不了有或多或少的反對者。正所謂「木秀於林，風必摧之」。如何面對反對者充滿敵意的進攻？

有一次，溫斯頓‧邱吉爾的政治對手阿斯特夫人（Nancy Witcher Astor）對他說：「溫斯頓，如果你是我丈夫，我會把毒藥放進你的咖啡裡。」

邱吉爾笑著說：「夫人，如果我是你的丈夫，我就會毫不猶豫地把那杯咖啡喝下去。」

阿斯特夫人的進攻是如此咄咄逼人，邱吉爾若不回擊未免顯出自己的軟弱，而回擊不慎卻可能導致一場毫無水準的謾罵。邱吉爾畢竟是邱吉爾，一記順水推舟的幽默重拳，打得飛揚跋扈的阿斯特夫人無從回手！

有一次，蘇聯詩人馬雅可夫斯基（Vladimir Mayakovsky）在大會上演講，他的演講尖銳、幽默，鋒芒畢露，妙趣橫生。忽然有人喊道：「您講的笑話我不懂！您莫非是長頸鹿！」馬雅可夫斯基感嘆道「只有長頸鹿才可能星期一浸溼的腳，到星期六才能感覺到呢！」

「我應當提醒你，馬雅可夫斯基先生，」一個矮胖子擠到講臺上嚷道，「拿破崙有一句名言：『從偉大到可笑，只有一步之差！』」

「不錯，從偉大到可笑，只有一步之差。」他邊說邊用手指著自己和那個人。

馬雅可夫斯基接著開始回答臺下遞上來的紙條上的問題：

「馬雅可夫斯基，您今天晚上得了多少錢？」──「這與您有何相干？您反正是分文不掏的，我還不打算與任何人分哪！」

「您的詩太駭人聽聞了，這些詩是短命的，明天就會完蛋，您本人也會被忘卻，您不會成為不朽的人。」──「請您過一千年再來，到那時我們再談吧！」

「你說應當把沾滿『塵土』的傳統和習慣從自己身上洗掉，那麼您既然需要洗臉，這就是說，您也是骯髒的了。」——「那麼您不洗臉，您就自以為是乾淨的嗎？」

「馬雅可夫斯基，您為什麼手上戴戒指？這對您很不合適。」——「照您說，我不應該戴在手上，而應該戴在鼻子上嘍！」

「馬雅可夫斯基，您的詩不能使人沸騰，不能使人燃燒，不能感染人。」——「我的詩不是大海，不是火爐，不是鼠疫。」

馬雅可夫斯基在別人的攻擊與詆毀之下，絲毫不亂陣腳，舉起幽默的寶劍將那些四面八方的冷箭乾淨俐落地斬斷。

生活中，有的人利用自己有利的條件和別人的弱點，製造難題或荒謬，以炫耀自己，詆毀別人，幽默是與之鬥爭的武器。幽默的力量能讓一個人面對謾罵、詆毀與侮辱時，毫髮不損地保全自己。

四兩如何撥千斤

幾乎人人都有遭受冷箭傷害、謠言中傷的經歷。在冷箭的包圍中、謠言的漩渦裡，如何從容脫身，實在是一門大學問。

民主黨候選人約翰·亞當斯（John Adams）在競選美國總統時，遭到共和黨汙衊，說他曾派其競選夥伴平克尼（Charles Cotesworth Pinckney）將軍到英國去挑選四個美女做情婦，兩個給平克尼，兩個留給自己。約翰·亞當斯聽後哈哈大笑，馬上回擊：「假如這是真的，那平克尼將軍肯定是瞞著我，全都獨吞了！」

約翰·亞當斯最後當選，成為美國歷史上的第二位總統。亞當斯的勝利當然不應全歸功於幽默，但卻不能否認幽默魅力的功用。試想一下，如果亞當斯聽到攻擊之後氣急敗壞、暴跳如雷，或辱罵對方的不義，或對天

發誓：「若有此等醜聞，天打雷劈！」這樣的後果，是越辯越清還是越辯越「黑」都有待商榷。

　　放冷箭、造謠言的成本極低，殺傷力卻極大。加上「好事不出門，壞事傳千里」的傳播喜好，一旦處理不當，便會對受詆毀者造成極大的不利局面。

　　置身此類局面下的人，最好運用幽默的武器，以四兩撥千斤的姿態，瀟灑地反擊對方。

　　林肯就是一個精於此道者。他在一次演講中，有人當面詆毀他是一個「雙面人」，告誡聽眾們不要相信林肯。置身此境的林肯，並沒有花過多的時間與精力去辯白自己 —— 他還有演講的正事沒說完，但他又不能完全置之不理，授人以默認的口實。他只用了一句話，就把「雙面人」的帽子扔到了太平洋。他對聽眾們說：「大家看看我這張臉吧 —— 如果我有兩張臉孔的話，我還會成天拿這張臉來示人嗎？」。

　　林肯的話引起了臺下聽眾的會心一笑，「兩面派」的說法就這樣煙消雲散。林肯得以繼續自己的演講，並獲得了大多數聽眾的支持。

　　身處百口莫辯的時候，不妨向上面這些智者們學習學習。

自我解嘲的妙用

　　生活中總是有些令人不滿意卻又一時無法改變的事。改變不了外界，那就改變自己的心境吧。據說林肯的夫人性格潑辣，時常破口罵人。有一天，一個十二三歲送報的小孩，因為不認識路而送報太遲，遭到林肯太太的百般辱罵。小孩去向報社老闆哭訴，說她不該罵人過甚，以後他再也不去那家送報了。這是一個小城鎮，於是老闆向林肯提起這件小事。

　　林肯說：「算了吧！我都忍受她十多年了，這小孩才偶然挨一次罵，

算什麼？」這是林肯的自我解嘲。

　　想要製造幽默，最安全的目標就是你自己。自我解嘲是一招有效的擺脫困境的方法。

　　美國幽默作家羅伯特（Robert Charles Benchley）就主張以自己為幽默對象，或者說「笑話自己」。運用這種方法，在生活中的各種場合，我們都可以發現笑料，引出笑聲，為人們解除愁悶和緊張。長此以往，你就能獲得一種幽默智慧，能夠承受各種既成事實，更有信心去努力改善現狀，也能夠增加自己的親和力。

　　「我老婆從來不聽我的意見。」一個男人對另一個男人訴苦。

　　「我老婆還好，有時候會聽我的意見。」

　　「哦？你能不能舉個例子，具體說說，讓我也學習你是怎麼做到的。」

　　「當我們意見一致時她聽我的，只是在意見不一致時我才聽她的！」

　　幽默一直被人們認為是只有聰明人才能駕馭的藝術，而自嘲又被認為是幽默的最高境界。由此可見，能自嘲的人必然是智者中的智者，高手中的高手。自嘲就是要拿自身的失誤、不足甚至生理缺陷來「找樂子」，對醜處不予遮掩，反而把它放大、誇張、剖析，然後巧妙地引申發揮、自圓其說，博得一笑。一個人如果沒有豁達、樂觀、超脫、調侃的心態和胸懷，是無法做到的。自以為是、斤斤計較、尖酸刻薄的人更是難以望其項背。自嘲不傷害任何人，因而最為安全。你可用它來活躍氣氛，消除緊張；在尷尬中自找臺階，保住面子；在公共場合表現得更有人情味。

　　美國有一位傳奇式的教練，名叫佩邁爾。他帶領的籃球隊曾獲得 39 次國內比賽冠軍。他的球隊在蟬聯 29 次冠軍後，遭到空前慘敗。比賽一結束，記者們蜂擁而至，把他圍個水泄不通，問他這位敗軍之將有何感想。他微笑著，不無幽默地說：

「好極了，現在我們可以輕裝上陣，全力以赴地爭奪冠軍，背上再也沒有冠軍的包袱了。」

佩邁爾面對失敗，沒有灰心，將哀聲化為笑聲，將笑聲化為力量，這是多麼令人欽羨的人生境界啊！

牛皮吹破巧縫補

自己誇耀自己，與現實形成反差，幽默就可以從其間產生。自吹自擂幽默術是自己誇耀自己的本事，毫不臉紅，卻不免言過其實，誤打誤撞，與事實有出入而自己津津樂道，話語中也能透出濃濃的幽默之趣。

人是情感動物，都有著一方自己的情感天地，可是這塊天地沒有「籬笆」，經常有外物闖入，恣意踐踏，讓情感受到傷害，自尊受到打擊。特別是人的薄弱環節，如缺點、毛病、難堪等，經常受到別人的侵害、笑話。臉皮薄的人內心就會受到很大的打擊，對生活失去信心，但有的人卻能應付自如。面對對方的責難，他自己吹著喇叭，自己擂鼓，把自己誇耀一番，巧妙地渡過難關。這有時不免有些滑稽，因為現實情況與其所吹噓的反差太強烈，明眼人一下就能看穿，但是，幽默似乎就在其間產生了。

薩馬林陪著斯圖帕科夫大公去圍獵，閒談之中薩馬林吹噓自己說：「我小時候也練過騎馬射箭。」

大公要他射幾箭看看，薩馬林再三推辭不肯射，可大公非要看看他射箭的本事。實在沒法，薩馬林只好張弓搭箭。

他瞄準一隻麋鹿，第一箭沒有射中，便說：「羅曼諾夫親王就是這樣射的。」

他再射第二箭，又沒有射中，說：「驃騎兵將軍也是這樣射的。」

第三箭，他射中了，他自豪地說：「瞧瞧，這才是我薩馬林的箭法。」

薩馬林本不善射箭，無意中吹噓了一下，不料卻被大公抓住把柄，非要看他出醜不可。好在薩馬林急中生智，把射失的箭都推到別人身上，彷彿自己失是為了做個示範，終於射中一箭，才攬到自己身上，誇耀一番。他諳熟自吹自擂幽默術，總算沒有當場出洋相，說不定還會令斯圖帕科夫大公開懷一笑呢。

再看一則例子。

一個自以為下棋極精的人，老愛吹牛，總是不服輸。

有一次，他與人連下三盤，盤盤皆輸。過了幾天，有人問他：「那天的棋下了幾盤？」

他回答說：「三盤。」

人家又問：「誰勝誰負，能告訴大家一下嗎？」

他臉不紅心不跳地說：「第一盤我沒能贏；第二盤他沒有輸；第三盤我想和，他卻不要！」

此君棋藝不精，臉皮倒也不薄。連輸三盤的戰局，經他的口一說，一不小心還真被他矇混過去。

批評與諷刺的「糖衣」

有些口服藥，因為味苦，大多裹上了一層糖衣，以利於患者口服。現代生活中的幽默也同樣可以起著包裹「良言」的糖衣效用。人們用幽默來表達嘲諷、批評的意味就是生活的一種藝術，是人際關係和諧、家庭幸福、事業成功的必須。

在一家女性時裝店的門前，站著一位顯得很不耐煩的年輕人。他走近不遠處對一位迷人女子說：

「對不起！小姐，請問和您說幾句話可以嗎？」

「為什麼？」女子大為費解。

「我妻子已經進去很久了，但我敢肯定，她一看見我在和您說話就會馬上跑出來。」

話音未落，他妻子就一頭衝出來了。

某作家說過：「諷刺與幽默在分析時有顯著的不同，但在應用上永遠不能嚴格地分開。」

看下面這個例子。

最最親愛的吉米：

自從我倆的婚約解除之後，我感到極大的悲傷。這是用任何話都無法表達的。請您說一聲您還要我吧。您在我心中的位置是任何人也代替不了的，所以請您原諒我吧。我愛您，我愛您，我愛您！

又及：祝賀您買的彩券得了大獎。

有時諷刺、批判應該幽默。諷刺是具有嚴肅的目的。幽默的效果主要是讓人笑和放鬆，讓諷刺帶有幽默效果，則需要經過充分的思考才能領悟其作用，「領悟」是給人帶來歡欣滿足的源泉。

幽默的發生是：從世界上有了些問題，有了些醜態的時候而起的。有了這些問題和醜態，可是偏要蒙上一層漂亮的東西來哄人，於是就產生了幽默誕生的環境。幽默要破壞的正是那些虛偽，用笑來殺害它。

看例子：

「聽說你去國外考察半年多，感受不淺吧。」

「是呀，感觸太深了。人家的文化水準就是高！」

「何以見得？」

「人家大人小孩子都會說外語。」

林語堂先生說過：「幽默之於同情，這是幽默與嘲諷之所以不同，而

尤其是我熱心提倡幽默而不很熱心提倡嘲諷之緣故。幽默絕不是板起面孔來專門挑剔人家，專門說俏皮、奚落、挖苦、刻薄人家的話。並且我敢說幽默是厭惡此種刻薄諷刺的架子。」

而彼得先生的一席話又對林語堂先生的論斷有所補充，揭示出諷刺、嘲諷在幽默中不可或缺的重要作用。

「不要害怕嘲笑死亡、退休、離婚或失落感。笑具有傳染性，讓人發笑，能幫助別人，同時也幫助了自己。當我們學會了大聲嘲笑生活，等於有了最好的保險。」

與人為善，說到底也就是與己為善。人們已經厭倦了腥風血雨，已經厭倦了指桑罵槐，已經厭倦了人與人之間的指責與謾罵。現代生活中的幽默，也就是與人為善，它追求的是人與人之間的和諧，人的發展與完善，它是現代文明的必經之路。

世間所有之事，都脫不開人與人之間的關係這張天網，如何能指出人的缺陷和不足，又能和諧地彼此誠信相處，正是現代生活中的幽默所刻意追求的境界。

經理：「你們科長已經被免職了。」

科員：「我看他早就不應該待在這個職位上了！」

經理：「現在任命他為公司的副總經理。」

科員：「我看他早就應該坐上副總經理的位子。」

艾理斯別爾格說過：「『幽默感』正如『自尊與自卑之間的混合』一樣，必須具有這種批評與自我批評的能力，這種能力是與高度的歷史樂觀主義相結合的，是與對別人也對自己都具有信念相結合的，這種能力與思想動搖、反覆無常、歇斯底里、傳奇式地誇大自己和他人的缺點毫無共同之處。」

幽默要使其同時含有破壞而兼建設的意味，要使其有左右社會的力量，才能顯現出將來的希望，否則就會空洞、毫無目的。一破一立、一左一右、一南一北、一前一後、一東一西，方為幽默的韜略。於令人難以捉摸、無所適從之餘時，伸展自己的思想和目標，那才是高深莫測的韻味。追求和應用韜略，就像是追求藝術的高境界一樣，也是一種智慧的體現。

西塞羅（Marcus Tullius Cicero）說過：「嘲弄你及你同伴的錯誤，借助誇張和諷刺，假裝天真揭露對手的愚蠢，這些都是逗笑的極好辦法。為了諷刺，甚至可以使用這樣的語句，如：先生們，這個人什麼都不缺 —— 除了財富和美德！」

犯錯後如何道歉

小蘭與男朋友約會總是因故遲到 10 分鐘。第一次，她自我責備地說：「我遲到，我有罪，我罪該萬死！」第二次她轉守為攻地說：「一定是你的錶調快了 10 分鐘！」第三次她還是有理由：「我的錶是按冬令時間，比夏令時間晚一小時啊！」每次都逗得男朋友對她又愛又恨。不過天底下哪個女孩與男孩約會從來沒有遲到過呢？於是男朋友也就一笑了之。

小蘭聰明地「辯解」了自己的過失，也取得了男友的諒解，不過戀愛中每次都遲到不是每個人都能容忍的，所以還是建議謹慎為之。下面我們來看一個初為人妻的女子在做錯事情後是怎麼做的。

妻子不小心把貝多芬石膏像掉在地上，摔壞了一隻耳朵，丈夫剛要責備，妻子笑著說了一句：「哎呀，反正貝多芬是聾子，耳朵只是個擺設，留著也沒用啊。」這一番話，把丈夫心裡的責備沖得無影無蹤。

丈夫又回來晚了，一進家門就看見妻子嚴厲的目光，他自知理虧，又感到很不好意思，就走到沙發前，逗小貓玩。

他剛低下頭，就聽妻子一聲叫喊：「喂，你和那頭笨豬在一起有什麼意思？」

丈夫明知在罵他，故作不知，笑著說：「這哪裡是豬，這是貓呀！」

妻子看也不看他一眼，朝小貓一招手：「親愛的，到我這裡來，剛才我是在跟你說話呢！」

從上面的故事中，我們不難看出妻子的聰明和幽默之處。不過，丈夫知道自己做錯了事情，他在面對妻子的幽默嘲諷時，所運用的「顧左右而言他」的糊塗幽默不是也很值得我們欣賞嗎？當你明知道自己做錯的時候，不妨以幽默的方式和你的愛人一起笑，笑你自己的錯誤。

第五章

把幽默帶回家中

在人際關係的經營中，一些人在有意無意中總是把自己身邊最親密的人忽略。他們認為幽默是對外的，是社交場合不可缺少的因素，至於自己人，特別是對孩子，一定要一本正經。現代的家庭就是一個小社會，自己人之間也需要包括幽默在內的各種調劑；不然，家庭的活力就會衰減。

有一些人，在外面是一個通情達理的人，但一回到家就變得習鑽尖刻起來。是因為太親密，所以就覺得可以不講究，可以傷害嗎？不，我們沒有理由也沒有權力那樣。我們提倡將幽默的作風帶回家，和自己的愛人、孩子、父母一起分享。幽默是一種生活的藝術，它能夠使人在笑聲中獲得啟迪，得到教益。在家庭生活中，常講些詼諧幽默的話，可以增加夫妻生活的樂趣，甚至化「干戈」為甜蜜，使家庭生活充滿溫馨和諧的氣氛。

誰不渴望家庭和睦

誰不渴望家庭和睦？對於家庭本身就和睦的人來說，正是因為他們一家對於家庭和睦的渴望，才努力經營與打造出和睦的家庭氣氛。而對於家庭不和睦的人來說，沒有人比他們更加渴望家庭的和睦了 —— 從來就沒有人為了不和睦的目標而組建家庭，他們一家的不和睦只是因為不懂得如何去達到和睦。

一個負責人事的經理對他的新僱員說：「這份表格你填得不錯，只有一點，在填寫與太太的關係一欄裡，應該填『夫妻』而不該填『緊張』。」

這是一個小幽默，但道盡了家庭不和睦者心中對於和睦的渴求。如果沒有為了家庭關係的緊張而焦慮，為何會在關係一欄裡填寫「緊張」？消除家庭緊張關係的方法很多，而幽默則是一種最佳的選擇。

老張和夫人結婚多年，從未發生過衝突。有一天，夫人問老張：「你為什麼總對我這麼好？」

　　老張答道：「和妳結婚之前，我請教過一位前輩，問為什麼他對妻子那樣好，他說：『不要批評你妻子的缺點或怪她做錯事。要知道，就是因為她有缺點，有時會做錯事，才沒有找到更理想的丈夫。』我牢牢記住了這句話。」

　　老張引用的話，推理出的意思是說，要想做妻子的理想丈夫，就不能隨意批評妻子，這樣才能恩愛有加，才能證明自己是理想的丈夫。如此聰明、有幽默感的丈夫，哪位妻子不願付出傾心之愛呢？如今社會中家庭不和的原因很多，重要的一條就是誰都想維護自尊，統治家庭，所以夫妻矛盾最為突出，如果矛盾得不到解決，彼此之間的心理距離就會越拉越遠。要縮短這種心理距離，幽默有其獨到的作用。

　　試試能直達人心靈深處的幽默力量吧。有時候力量進行得十分溫和，我們可能不會覺察到它是幽默的，但是它的確使人心情充滿愉快。

用幽默使愛情保鮮

　　席尼‧史密斯（Sydney Smith）說過：「婚姻就好像一把剪刀，兩片刀鋒不可分離，雖然作用的方向相反，但是對介入其中的東西，總是聯合起來對付。」

　　這就是說，組成家庭的力是一種合力。當一個家庭由於愛而將要產生時，這種合力強大到足以把任何介入其中的阻力剪斷。但是以後呢？妻子埋怨丈夫感情遲鈍、好吃懶做；丈夫埋怨妻子只顧打扮自己，並且毫不知足，一點也不體諒做男人的苦處。這正如某則幽默小品文中的一隻豪豬所被指責的那樣，「你老是傷害你所愛的人」。

　　有的夫妻卻懂得怎樣去保護自己的幸福，維持婚姻中的愛情。他們以幽默來代替粗魯無禮的語言，解決日常生活中的分歧。雖然他們也會相互

挑剔，也會產生紛爭，但是經過由幽默產生的情感衝擊之後，一切紛爭都顯得微不足道了。

　　班傑明‧富蘭克林說：「婚前要張大眼睛，婚後半閉眼睛就可以了」。婚後睜大眼睛的人，多半會抱怨自己婚前瞎了眼睛。

　　所以，任何一個成了家的人，不要輕易否定自己的眼力。應當試著用幽默去保護自己的家庭。如果沒有根本性的、重大的分歧，幽默能使家庭生活始終處於最佳狀態。

　　在我們周遭，我們經常可以看到一些聰明的夫婦是怎樣以開玩笑的方式來表達愛情的。

　　比如男的說：「我夫人從來不懂得錢是什麼，她以為任何商品都是打5折的東西。」女的說：「所以我才會嫁給你，你的聰明也是打過折扣的。」

　　有一位先生對人說：「我太太和我鬧矛盾，她想要一件新的毛皮大衣，而我想要一部新車子。最後我們都妥協了，買一件毛皮大衣，然後把它收到車庫裡。」

　　有人當著吉姆妻子的面問吉姆：「你們家裡誰是一家之主？」

　　吉姆板著臉說：「珍妮掌管孩子、狗和鸚鵡，而我為金魚制定法律。」

　　那人又問吉姆：「你那位公司裡的祕書長得怎麼樣」

　　吉姆仍然板著臉說：「珍妮倒不在乎我的祕書長得怎麼樣，只要他是個男的。」

　　「聽你的太太說，當年你剛娶她時，答應給她月亮的。」

　　「別提啦！」吉姆忍不住笑起來，「我是答應給她月亮的，因為那裡連一家百貨公司也沒有！」

　　試想一下，如果吉姆不能以幽默來回答這些問題，或者換上一個毫無幽默感的人來回答，結果會怎麼樣呢？

幽默使愛情錦上添花

馬克思（Karl Marx）與燕妮（Jenny Marx）在未明確關係時，早已相知很久，但一直沒有表白心跡。

一天黃昏，兩人又相約於莫瑟爾河河畔的草坪上，這次馬克思決心向燕妮求愛。他對燕妮說：

「燕妮，我想告訴妳，我愛上了一個人，準備向她求婚，但是不知她是否同意？」

燕妮知道這個「她」就是自己，但仍然反問：「是嗎？那是誰？」

馬克思說：「我這裡有一張她的像，妳想看看嗎？」燕妮點點頭。

於是馬克思拿出一隻精緻的小木匣遞過去。燕妮接過來，雙手顫抖地打開。裡面沒有像，只有一面鏡子，鏡子裡正好映出燕妮羞紅的臉龐。

兩人之間朦朧的愛情面紗就這樣巧妙地拉開了，燕妮幸福地接受了馬克思的求愛。

求愛成功後，相愛開始了。從此，兩人卿卿我我，山盟海誓，如膠似漆。這時的幽默更能創造出輕鬆愉快、富於情趣的愛情生活。

數學家和女友在公園散步。女友問他：「你真的不介意我滿臉雀斑？」

數學家溫柔地說：「絕不！我生來最愛與小數點打交道。」

愛情是自私的，不能分享，下面這則幽默說明了這點。

男：「妳是我的太陽……不！妳是我的手電筒！」

女：「怎麼？不是說太陽嗎？」

男：「不行，太陽普照所有的男人，我只希望妳照著我一個人。」

愛情是美好的，幽默更使她錦上添花。

男子向他的女友表達愛慕之心：「親愛的，我真愛妳。妳像天上的月

亮一樣美麗，又像星星那樣可愛，妳還像太陽一樣給我帶來了光明和溫暖。我沒有妳，就像沒有空氣一樣，簡直無法生存。」

女友忍不住打斷他的話：「你是在跟我談戀愛，還是在給我上天文課！」

在幽默中體會溫馨

把夫妻間不愉快或不可能的一面形成強烈的對比，能以開玩笑來使自己取笑自己，並消除齟齬，這就是具有幽默力量的效果。

有些人彼此挑剔的方式，讓人對它發出會心的微笑！但這些例子只是我們傳統的兩性幽默的一種形式。婚姻的笑話經常給人一種刻板的印象，但是這類兩性的幽默有時也能達到妙語的極致。

妻（趴在丈夫的病床邊）：「你一定不能死，湯姆。我偌大一個衣櫥裡，連一件黑衣服也沒有。」

夫（對游泳教練）：「你可以教我太太淹死嗎？」

兩性幽默的故事中把兩人關係中不愉快或不可能的一面，和關係中隱含的真意形成強烈的對比，藉由這樣的誇張來發揮幽默力量。

好奇的鄰居：「我聽見你屋子裡好像發生了什麼事。」

妻子：「胡說！我和我先生吵架，我就開槍殺了他，就是這樣而已。」

這個小故事雖然誇大其真實性，但是這不止於笑話而已。如果我們詳細研究這一句話：「我先生和我吵了一架，我就開槍殺了他，就是這樣而已。」我們可以發現它所隱含的真意：最好對小小的口角輕鬆帶過，避免造成嚴重的爭執不下。

當兩性幽默能以開玩笑來使我們笑自己，並減少齟齬時，就具有幽默力量的效果。

有人問某先生是否相信死後還有生命。

「呸！」他太太說：「他連晚飯後是否還有生命都不相信。」

典型的家庭幽默裡通常都有一個拚命賺錢的丈夫，還有拚命花錢的妻子兒女。

「一家的男人就是把皮夾裡的錢拿去換來一幅全家福畫面的人。」

注意：如果我們把這類方法用來向他人表明自己，會更有價值。我們把笑的對象指向自己，會有助於人際關係的增進。有的演員就經常調侃自己的婚姻和家庭生活。例如羅尼登格菲，常說自己是家人嘲弄的對象。

「我央求我太大和我一起出走，」登格菲打趣道。

結果她說：「你自己出走吧！」

「我兒子讀一所私立學校，」登格菲透露：「我已經努力了兩年，要他告訴我學校在哪裡。」

如果我們能運用幽默力量來做趣味思考，那麼有關約會和求愛的幽默也會變得溫和些。例如，有人說他那漂亮的女朋友把他們的關係破壞了，因為她出口「三字經」──如「我不要」、「我不去」、「那不行」。

歡樂家庭的「滅火器」

家庭之中夫妻小吵小鬧很正常，不論是偉人還是普通人莫不如此，怨怒之中如果即興來一兩句幽默，往往會使緊張的形勢急轉而下。人們常說「夫妻沒有隔夜的仇」，更多的時候都是這種豁達的幽默消除了隔閡。在我們現代家庭生活中，夫妻間因各樣的矛盾，鬧點小摩擦，吵幾句嘴，發生一點小誤會是難以避免的。如果我們動輒打罵，經常爭吵，不但於事無補，弄不好還會擴大矛盾，增加隔閡，傷害感情。假如夫妻雙方能運用一點幽默，效果恐怕就會截然相反。

遺憾的是，大多數家庭幾乎是與幽默無緣。他們化解家庭矛盾的方

式，只是單一地用說好話、賠禮道歉或生悶氣、找人說合，要麼讓時光慢慢沖淡。這樣古老而又落後的方法應該改變一下了。

男女朝夕相處，天天鍋碗瓢盆，始終舉案齊眉、相敬如賓反而是一種不正常的現象，有人戲稱之為「冷暴力」。小吵小鬧有時反會拉近夫妻間的距離，同時也能使內心的不滿得以宣洩，如果再佐之以幽默、機智的調侃，無疑使夫妻雙方得到一次心靈的淨化，保證了家庭生活的正常運行，請看下面這幾對夫妻的幽默故事。

駕車外出途中，一對夫妻吵了一架，誰都不願意先開口說話。最後丈夫指著遠處農莊中的一頭驢說：「妳和牠有親屬關係嗎？」妻子答道：「有的，夫妻關係。」

妻子：「每次我唱歌的時候，你為什麼總要到陽臺上去？」

丈夫：「我是想讓大家都知道，不是我在打妳。」

結婚多年，丈夫卻時時需要提醒才能記起某些特殊的日子。在結婚 35 週年紀念日早上，坐在桌前吃早餐的妻子暗示：「親愛的，你意識到我們每天坐的這兩把椅子已經用了 35 年了嗎？」丈夫放下報紙盯著妻子想了一會兒說：「哦，妳想換一把椅子嗎？」

妻子臨睡前的絮絮叨叨總是令亨利十分不快。一天夜裡，妻子又絮叨了一陣後，吻別亨利後又說：「家裡的門窗都關上了嗎？」亨利回答：「親愛的，除了你的話匣子外，該關的都關了。」

以上幾則故事中的夫妻幽默均恰到好處地表達了自己怨而不怒的情緒。有丈夫對妻子缺點的諷刺，也有妻子對丈夫多疑的抗議，但其幽默的答辯均不至於使對方惱羞成怒。如妻子用夫妻關係回敬丈夫也是一頭驢，丈夫用巧言指責妻子絮叨，這些幽默的話語聽上去自然天成，又詼諧有趣。這些矛盾同樣可能發生在我們每一個家庭之中，有時卻往往因為兩

三句出言不遜的氣話而使矛盾激化。

有這樣一對夫妻，在一次爭吵中，兩人互相指責對方的缺點，誇耀自己能幹，爭論得無休無止。妻子的女高音越叫越高，丈夫聽得不耐煩了，說：「好，我承認，妳比我強。」妻子得意地笑了，說：「哪一點？」丈夫說：「妳的愛人比我的愛人強。」一句恰到好處的幽默，緩和了夫妻之間的緊張氣氛，化解了彼此的矛盾，使對方轉怒為喜，破涕為笑。

許多夫妻都有過類似的經歷，無謂的爭吵隨時都會發生，一旦發生又會因憤怒而很快失去理智，直至鬧得不可開交，甚至拳腳相向。在日常生活中，我們常看到這種情景，在公共場合彬彬有禮的謙謙男子或溫柔女士，在家人面前同樣也會為一些小事而大動肝火，有時即使是恩愛夫妻也不可避免，雙方似乎都失去了理智，哪壺不開偏提哪壺，專揭對方的痛處短處解氣，唇槍舌劍，互不相讓；及至冷靜下來，才發覺爭吵的內容原是那樣愚蠢、無聊。殊不知忍一時風平浪靜，退一步海闊天空，多用幽默少動氣不是一樣也可占盡心理上的優勢嗎？

有對年輕夫妻經常吵得不可開交。太太嘮叨不休，罵丈夫是一個好吃懶做、沒有出息的老公，說自己是鮮花插在牛糞上。一會兒丈夫從樓梯上走下來，詼諧地向老婆說道：「尊敬的夫人，牛糞到了！」丈夫的自我解嘲，使太太破涕為笑，也結束了一場戰爭。

夫妻生活在一起，雖有許多樂趣、幸福，但也有許多難過和辛酸。願天下的有情人，願世間的夫妻們都能用幽默的「滅火器」，化解生活中的硝煙與戰火。

願幽默給每個家庭都帶來快樂！

當代文化名人的幽默

經常有一種說法，認為東方人與西方人相比要活得刻板與現實得多，因此東方人的幽默感沒有西方人強。這種說法對錯與否，再怎麼爭論也沒有一個最終的答案。我們下面擷取來自當代文化名人的幽默小事，或許能提供一個觀察與思考的視窗。

以《鄉愁》聞名的詩人余光中，家有四鳳，加上妻子，家裡形成一比五的男女比例，真是十足的陰盛陽衰。好在余光中已習慣與五個女人為伍，沙發上散置皮包和髮捲、浴室裡彌漫著香皂和香水的氣味、餐桌上沒有人和他爭酒都是天經地義的事。所以余光中戲稱家為「女生宿舍」，稱自己為「舍監」。由於家中的電話裝在余光中的書房，所以他會忙得不可開交：「四個女兒加上一個太太，每人晚上四五個電話，催魂鈴聲便不絕於耳了。像一個現代的殷洪喬，我成了五個女人的接線生。有時也想回對方一句『她不在』，或者乾脆把電話掛斷，但又怕侵犯了人權，何況還是女權。在一對五票的劣勢下，怎敢冒天下之大不韙？」

在余光中的滿腹牢騷中，我們分明可以聽出他作為家中唯一一名男性的自得與驕傲。與其說他是忍氣吞聲為家中的女人們忙進忙出，不如說他是心甘情願為家中的女人們付出辛勞；與其說他忙得焦頭爛額，不如說他是忙得不亦樂乎。聰明的余光中是以正話反說的方式向妻女「談情說愛」的。

文人名士和樂的家庭，你是否心生羨慕？我們也許難以學到文人文化，那麼，就學習一些他們幽默風趣的作風吧。建設一個和和氣氣的家庭，本身就是一門學問、一種事業。

家庭小幽默集錦

在本章即將結束時，編者為各位讀者精心準備了幾則家庭裡的小幽默，希望能在引起讀者朋友們會心一笑的同時，對於家庭幽默的來源與方式有一個直觀的認識與了解。

減肥有成

妻子站在體重計上高興地對丈夫說：「親愛的，快來看，我的體重減了兩公斤！」

「親愛的，那是因為妳還沒有化妝呢。」

戰爭起源

孩子問父親，戰爭是怎樣開始的。

父親回答：「好，我告訴你，比方說美國和英國吵起來了……」

母親插話說：「不，美國根本就沒有必要和英國吵架。」

父親說：「我知道，我只是打個比方……」

母親說：「可你這是在騙孩子！」

父親：「這怎麼是騙孩子？！」

母親：「當然是！」

父親：「我告訴妳我只是打一個比方！妳簡直不講道理！」

孩子說：「好了，爸爸，我現在已經知道戰爭是怎麼開始的了。」

半夜開門

有一個醉鬼回家，爬到床上叫醒老婆說：「親愛的，我們家鬧鬼了！」

老婆一下坐起來：「怎麼啦？」

「我剛才回到家裡上廁所，一開門突然燈就亮了！」

「真的？那……你是不是還感到有陣陣陰風吹出來？」

「對啊！你知道是怎麼回事？」

老婆狠狠地打了一巴掌說：「死鬼！這是你第三次喝醉了尿在冰箱裡了！」

家庭幸福

「您家庭幸福嗎？」

「我和我妻子感情相當好，以至於我們把離婚的日期往後推了3次。」

彼此彼此

妻子怒斥丈夫：「你為什麼偷看我的日記？」

「這……」丈夫張口結舌，半天才說：「妳是怎麼知道的？」

妻子聲色俱厲地說：「你的日記上面寫著你昨天偷看我的日記！」

第六章

幽默三十六計

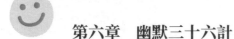
幽默的談吐無論在日常人際互動中，還是在那些連面也見不上的虛擬空間，都是不可缺少的。它不僅能使嚴肅緊張的氣氛頓時變得輕鬆、活潑，更能讓人感受到說話人的溫厚和善意，使其觀點變得很容易讓人接受。

幽默的語言不僅能使局促、尷尬的場面變得輕鬆、和緩，使人立即消除拘謹或不安，它應該還能給人帶來一定的啟發或是教育意義。

一句得體的幽默語言會消除一場誤會，一句巧妙的幽默言辭能勝過好多句平淡無味的攀談。

幽默的話語不僅具有愉悅、美感、批評、教益、諷刺等作用，也顯示了說話者豁達、開朗、活潑、善於溝通的氣質。所以列寧（Vladimir Lenin）說：「幽默是一種優美的、健康的素養」。在適當的場合，以幽默的談吐來增強互動的生動性和親切感，已被看成是一個人應該具備的優點。國外有些公司在招聘時，甚至把「有無幽默感」作為評價人格好壞的標準之一，可見幽默感何等重要。

還應該有這樣一個認識，幽默不是笑話的堆積，經常能講笑話的人並不是就真的具備了幽默。當你能為別人講笑話時，只不過是具備了初步的幽默感，而幽默的更高境界，是掌握表現你幽默性格的方法。在本章，我們將告訴讀者在與別人互動中可以使用幽默的 36 個有效方法。

歪打正著

歪打正著的幽默，指的是用荒唐的歪理去解釋或說明某些正常的提問。其幽默之處在於看似歪打，實卻正著。也就是最後的一句幽默回答，與發問要有一定的邏輯關係，卻又不是人們所理解的常理。而且，幽默的效果是隨著「歪理」成比例增長的，理越歪，幽默效果越佳。

「牛皮最大的用途是什麼？」

「做皮衣。」

「不對。」

「用來吹。」

「還是不對！牛皮最大的用途是把牛包起來。」

我們普通人的思維大都存在著一種定勢，突然聽到一種「奇談歪理」，也算是一種令人愉悅新奇的心理體驗。聽的人不免眉開眼笑、精神不禁為之一爽，於是就有了幽默的效果。

老師在語法課上要求同學們舉一個省略主語的短句為例子。

丹丹被叫起來，思考一會兒答道：「不知道。」

老師很高興地評價道：「很好，答得既正確又巧妙！」

丹丹這種歪打正著的回答，與答者的本意截然相反，這種反差正是幽默的來源。以下這則幽默就是反用這種方法形成的。

過去國外一劇場的女觀眾大多戴帽看劇，影響後面觀眾。劇場老闆苦思良久，最後貼出一張告示：本劇場特許老齡觀眾戴帽看劇。

從此以後該劇場不再有女士戴帽看劇。

女性天性愛美，特別忌諱「老」字，劇場老闆利用這一弱點，故意用「歪打」，巧妙解決問題，這一招很有意思。

幽默來自思維的睿智與靈活，了解掌握一些常見的幽默之法，可以成為自己日常應變的手段。它可以在笑聲中融洽關係，更能夠活躍氣氛。健康的幽默是人際關係的興奮劑，是現代人高素養高品味的一種表現。

平時我們在與人交談說話時，要求同一概念的前提要一致，否則便是犯了偷換概念的邏輯錯誤。但是，如果把這種幽默方法用到人際互動當中，那將是一種絕妙的幽默技巧，而且「偷」得越離譜，幽默味就會越濃。

讓我們來看下面這個例子：

「先生，請問到警察局怎麼走？」

「這很容易，你到對面商店拿五條菸不付錢就走，不用 10 分鐘就有車送你到警察局了！」

人家本來問的是如何正常地走到警察局，可回答卻扯到了偷東西被人扭送警察局，顯然這種回答違背問話者的原意，但卻是用了幽默的手法。

以上兩例都是歪打正著法，即用似是而非的荒唐道理去解釋某種正常現象的取樂方法。這種方法能產生奇巧怪誕的諧趣，讓人開顏解頤。

答非所問也是一種歪打正著的方法。有時候，利用這種「答非所問」的方法也能造成新鮮的幽默效果。下面一個對話就是這種方法的一個典型應用。

一人問道：「魚為什麼生活在水裡？」

幽默者答：「因為陸地上有貓。」

這種「答非所問」與「偷換概念」有相同點，但它們又有明顯的不同之處，「偷換概念」重在「換」，需要有原來的東西和用來替換的東西兩個因素，「偷換概念」在邏輯上是合理的。而「答非所問」重在一種新角度的回答，看似合理，其實是一種似是而非的歪解，仔細推敲就會發現其邏輯上也有不合理的地方。上面例子中，「魚生活在水裡」當然不可能是因為「陸地上有貓」，這樣說雖然能夠產生幽默的效果，但並不符合邏輯。

「歪打正著」雖然不合邏輯，可是這種技巧除了能夠產生幽默效果外，有時候還能起到正面的說服效果。

有一個人生了病，親戚朋友都來探望他。病人很恐懼地問大家：「我可能快死了，我很害怕，因為死後的日子肯定不好過。」

一個朋友連忙勸他：「放心吧，死後的日子很愜意。」

病人聽後大吃一驚，急忙問朋友為什麼這麼說。

朋友解釋道：「很簡單，如果死後過得不好，死者自然都紛紛逃回陽間。現在看來，一個逃回來的都沒有，可見那裡不是過得很愜意嗎？」

面對死亡，一般人都懷有一種恐懼感。上面例子中，朋友對死亡的幽默解說雖然是不合邏輯的歪理，可是能起到安慰病人的作用，減輕病人對死亡的恐懼心理，使病人在往後的日子裡能夠更好地享受活著的幸福。

並列類比

張阿姨的女兒戀愛已到了論及婚嫁的階段了，不過女婿卻仍沒獲得未來岳母的歡心。張阿姨旗幟鮮明地反對這場婚事，認為「門不當，戶不對」，但她一直沒機會作出實質性的要脅與反對。好在機會來了，女兒一意孤行定於國慶日結婚，為了嫁妝的事，找張阿姨「商量」。張阿姨立刻抓住機會，訓斥女兒的婚姻事先不和自己「商量」，要嫁妝倒知道來和老媽「商量」了，於是堅決一分不給。

女兒也是倔強的人，當場和張阿姨大吵起來，惹得鄰居上門勸架。

俗話說，清官難斷家務事。張阿姨母女這事要勸解還真是理不清頭緒。勸不好，母女倆都得罪都有可能。如何勸解？還得用幽默。

鄰居老陳對張阿姨說：「你不能怪她沒和你商量呀！」

張阿姨問：「為什麼？」

「你當年結婚時不也沒和女兒商量嗎？」

張阿姨一時語塞，女兒卻高興起來，老陳又轉身對女兒說：「妳媽不給妳嫁妝也是有道理的，妳媽出嫁時，妳給她嫁妝了嗎？人要彼此一樣才好呀！」

第六章　幽默三十六計

　　老陳幾句歪理一出，母女倆居然一起都笑了。一場爭吵算是暫時停了下來。家庭裡的這種對立，有時完全是在鬥氣，一旦氣不順暢而已。而一旦鬆了口氣，大家就能冷靜平和來解決問題。

　　老陳一不小心迸出來的這個幽默，我們可以將之歸類於「並列類比」法。此法運用的關鍵是要故意將一些不倫不類的事物並列在一起，透過貌似合理的類比來彰顯其中的所謂「道理」，從而產生一種滑稽之感。

　　並列類比幽默的「並列」，可以是不倫不類，但「比」卻要「比」得天經地義。並列類比幽默的幽默感是「比」出來的，其情趣也是「比」出來的。我們再看下面的例子。

　　有一天申先生寫信給他的朋友熊先生。一時，疏忽把「熊」字下面四點忘了，寫成「能先生」。熊先生一看又氣又惱，提起筆來寫了一封回信，故意把申先生誤寫成「由先生」，還說：「你削掉了我的四個蹄子，我也要割掉你的尾巴。」

　　某衛生棉廣告講：「不管多大流量，都能均勻吸收」。那年夏天，某條河決堤。小兒子看到電視新聞播出堵堤防的艱辛後，不免感慨地說：「現在的人真傻，也不知道動動腦子，把一車的衛生棉往決口的地方一倒，什麼問題不就都解決啦！」

　　把不倫不類的東西以對稱或並列的形式生硬地湊在一起，就會產生滑稽之感，這可說是一個規律。語言的對稱或並列以對聯為最嚴整，因而對聯的內容稍有不相稱之處則立即產生滑稽的感覺。

　　清朝梁章鉅的《楹聯叢話》中載一則故事：

　　一個開藥店的發了財，拿錢捐了一個「同知」（相當於縣長）的官銜，又買了一個官員的別墅。每逢喜事宴會，動不動就穿起五品官服來。有人就寫了一副對聯來諷刺它：「五品天青服六味地黃丸」。

「六味地黃丸」是一種很流行的中藥名稱，把官品制服的顏色與中藥的名稱用嚴格的對仗組合在一起，形式的密合，和內容上的拒斥形成反差，幽默之趣油然而生。

清朝《笑得好》載有以下這個故事：

有一王婆婆，家道富裕，希望自己死後也能風光風光，想在壽材上題些堂皇的字句，就拿了一大筆錢給給一條街上住的秀才，請他出主意。秀才沒有辦法，只好寫：「翰林院侍講大學士國子監祭酒隔壁王婆婆之柩」。

這種頭銜很大而關係甚薄的「風光」，明顯不倫不類，幽默感就產生在這裡。

硬套邏輯

硬套邏輯的幽默法，在日常生活中也隨處可見。

舉個例子：老王在平常是個「節儉」得有點過分的人，而且說話有些「絕對」。大家好言相勸總是解決不了問題，老王依然故我。那天到吃午飯時，老王又發表看法：「這一次性筷子扔掉多可惜，應該洗一洗再接著用。」大家不同意這種做法，爭了半天也沒說服老王。偏巧經理這時也坐到桌上來吃飯，聽說這個爭論後便勸老王，一次性東西在完成使用價值後確實應該丟棄，可老王倔強地認為：「一次性東西就應該反覆使用，這樣才能節約資源。」

經理反問了一句：「老王，照你的邏輯，你是否把衛生紙洗一洗再繼續用啊。」

大家都笑了。老王後來還真不那麼過度「節儉」了。

我們的生活中，許多東西都是一是一，二是二，如果誰今天說的和昨天說的不同，那麼這人無疑「很不可靠」。孩子的腦海裡也逐漸學到

91

一些「邏輯」知識，只不過是生搬硬套某種看似合理的邏輯，難免鬧出笑話。

大劉的兒子到姑姑房間裡玩，回到大劉身邊時拿著一小袋糖，說是姑姑給的。

大劉問：「你說了『謝謝』沒有？」

「啊，忘了。」兒子馬上又跑到姑姑房裡去道謝，回來以後對大劉說：「其實我不用去謝姑姑。」

「為什麼呢？」大劉問。

「姑姑說，『好孩子，不用謝』。」

上面兩則幽默是天真的孩子在無意中「炮製」出來的。其實，成人也可有意炮製此類幽默。

牛津大學有一位叫做艾爾弗雷特的年輕人，有次在同學面前朗誦了一首新詩。同學查理斯說：「艾爾弗雷特朗誦的詩很美，不過，我好像在哪本書中見過。」

艾爾弗雷特聽了很惱火，要求查理斯公開道歉。

查理斯在一週之後，真的在公開場合向艾爾弗雷特道了歉。他沉痛地說：「我說的話，很少收回。不過這一次，我承認是我錯了。我本來以為艾爾弗雷特是從我讀的那本書上偷來的，但我在房裡翻開那本書一看，發現那首詩仍然在那裡。真的對不起！」

詩被抄襲，發表的原印刷物當然還在，查理斯用偷東西的邏輯推理說明抄襲一事，創造了以上妙趣橫生的幽默。

自相矛盾

「矛盾」這個詞大概是源於《韓非子》中那位賣矛和盾的生意人，表示事物之間的強烈衝突，有很強的喜劇色彩。現代生活中，我們常說的自相矛盾是指人物言行不一，言語前後衝突，行為相互抵觸。

我們知道，一般人講話不應該出現自相矛盾，這是邏輯思維得以順利進行的起碼條件。正因為如此，有些邏輯上的自相矛盾，卻可能產生出幽默的趣味，而有時幽默的趣味性恰恰是從邏輯上不通的地方開始。這是因為，這不通的邏輯作為一種結果引起了我們的震驚，推動我們去思考它產生的原因，而這原因往往是十分有趣味且有一定意義的。

一對新婚夫婦爭吵，妻子終於忍不住哭了起來：「我決定跟你分了。我這就去收拾東西，離開這裡回娘家去。」

「很好，親愛的，車費在這裡。」丈夫說。

妻子接過錢數起來，突然說：「不夠，我回來的車費怎麼辦？」

既然是宣告要分，不言而喻的就是不再回來了，可是又問回來的車費怎麼辦，說明還想回來，二者自相矛盾。自相矛盾對於表述一個理性的決定來說是失敗的，對於表達夫妻間的微妙的情感來說卻是十分成功的：不管口頭上說得多麼決絕，可是在內心深處還是不由自主要回來。妙就妙在她雖不願講出來，但仍然由自相矛盾洩露了出來。而且這並不是虛假，而是很真誠的。如果矛盾而不真誠那就沒有什麼幽默可言了。

有時自相矛盾像是一種天真的錯誤，以真誠和不加掩飾為特點，而真誠的、不加掩飾的「錯誤」成為一種幽默的手段並加以利用時，就成為一種藝術了。

一個嗜賭如命的酒徒，他為了從賭場上贏回輸掉的酒錢，熬更守夜，孤注一擲，最後連褲子也輸掉了。這時候他醒悟過來了，發誓戒賭戒酒。

他用筆寫上「堅決戒賭」四個字貼在床頭，又將「誓死戒酒」四個字貼在床尾。一天，一位好朋友看到了床頭這條誡示後，好奇地問：「你真的要戒賭戒酒了？」

「真的！」

「我不信。」

「不信？」賭徒瞪著一雙通紅的眼睛，大聲說，「我們賭三瓶高粱！」

這裡，用自相矛盾的方式展示了幽默的藝術，取得了鮮明、強烈的效果，讓矛盾活了起來。矛盾若在不經意中產生，更為可笑和逗人。在運用自相矛盾的幽默技巧時，一定要沉住氣，平穩自然，幽默效果更佳。

古代有個笑話，「妻管嚴」被妻暴打，無奈鑽入床下，其妻喝令：「出來！」

答曰：「不出來。」

妻大怒：「到底出不出來？！」

答曰：「男子漢大丈夫說話算話，說不出來就不出來。」

這種自相矛盾，正是表面上理直氣壯，實際上心處理虧。在人際互動中可以故意製造這種自相矛盾的幽默，抬升對方地位，可以有效化解矛盾。

曲徑通幽

幽默之「幽」，在一定程度上暗示幽默宜「幽」（曲徑通幽）一點。曲徑通幽的幽默，特別適合用於那種主張自己的權利卻又不願與對方過於明顯地對立時的互動場合。

在人際互動中，如果對你的朋友有什麼非當場不說的批評，最好是以曲徑通幽的幽默啟示他領悟。

清朝的石天成所編《笑得好》中，有一個很有借鑑價值的故事〈鋸酒杯〉：

一人赴宴，主人斟酒，每次只斟半杯。客人忽然問主人：「尊府若有鋸子，可否借我一用。」

主人問何用，客人指著酒杯說：「此杯上半截既然盛不得酒，要它何用。鋸去豈不更好？」

客人的建議既然是聾人所聞，很明顯是不可實現的，因而顯得很幽默。但在可笑之餘，相信主人一定也有所悟。這比他直白地去主張自己的意見要委婉得多，也易於被人接受，因為心理阻抗要小，人際間摩擦亦小。

此法用來表達願望，能避免可能引起的尷尬。清朝出版的《新刊笑林廣記》中有一個故事〈一味足矣〉，在表達某種不便明言的願望時同樣有參考價值：

一塾師開館，東家因其初到，具一鵝款待。酒過三巡，塾師對東家說：「今後打擾的日子還長，飲食務須從儉，否則我心中不安，」遂即指著盤中之鵝說：「天天只要一隻鵝就夠了，其餘的就免了。」

好像是在客氣，勸東家不要過分款待，實際是提出了很高的要求。

一家人家請客，所有的人都有了筷子，就是疏忽了一個人，忘了給他筷子。如果這個人說一聲，問題也就解決了，但是這樣沒有什麼趣味，不能創造一種熱鬧的氣氛。這位客人在大家舉筷進食時，突然站起來向主人要清水一碗。主人問他要水何用，答曰：「洗淨了手指頭好夾菜吃。」

由於這是不可能的，主賓相顧大笑，馬上為其置筷子一雙。

曲徑通幽的幽默方法，並非真的將隱衷做直接的、現實的表達，而是透過片面的邏輯，做假定的、非實用的、不科學的表達。這種不傷和氣的主張權利方法在很多環境都可應用，尤其值得一提的是在有些對方擁有某

種「權力」或處於「主動」地位時，例如在大人和小孩之間，產生的此類幽默可以說效果就很顯著。在處理人際關係比較複雜的局面時，我們不妨也學學「童言無忌」造成的幽默效果。請看下面的例子。

父親：「皮埃爾，今天不要上學了，昨天晚上你媽給你生了兩個小弟弟。你跟老師說一下就行了。」皮埃爾：「爸爸，我對老師說只生了一個，另一個，我想留著下星期不想上學時再說。」

有個小男孩，有天放學後問他的媽媽：「媽媽，我到底是從哪裡來的？」媽媽覺得這個問題不好回答，但應該趁此機會教育小孩，就一本正經地以貓狗為例，支吾地談及生殖的過程。兒子聽完後，一頭霧水地說：「怎麼會這樣？我的同學說他是從南部來的！」

童童問媽媽：「為什麼稱蔣先生為『先人』？」媽媽說：「因為『先人』是對死去的人的稱呼。」童童說：「那對去世的奶奶是不是要叫『鮮奶』？」

顛覆經典

經典語句之所以稱之為「經典」，是因為其已在人們心中具有相對崇高的地位，這種地位按常理是不容顛覆的。但幽默不管這些，幽默擔當的是怎樣有趣怎樣玩的角色。面對顛覆經典，以造成強烈的情感落差而產生喜劇性的效果，幽默豈能輕易放過？

顛覆經典最成功的要數周星馳主演的電影《大話西遊》，在影片裡，孫悟空成了風流倜儻的多情種，而唐僧卻成了絮絮叨叨的禿頂男人。

顛覆經典法就是利用眾所周知的古代或現代的經典文章和詞句作背景，然後故意做出歪曲的、荒謬的解釋。因為經典最具莊嚴的意味，語言又多為人所共知，一旦小有歪曲，與原意的反差就十分強烈。

網路上有一種「惡搞」作品可謂廣泛流行，目前還沒有對「惡搞」這個詞彙的統一定義。也許要下一個準確而全面的定義還為時過早，但我們可以看到，「惡搞」帶有某些極為鮮明的共同特徵：用乾坤大挪移的手法顛覆經典與權威；以完全搞笑的形式對一本正經的主題進行近乎荒唐的解構；透過網路等新興傳媒進行傳播和擴散；無厘頭的個性批評大多迅速演化為參與廣泛的大眾娛樂活動。這種做法的幽默，實際上就是以顛覆「經典」的手段在網路上用各種形式諷刺部分人看中的「正統」。

「惡搞」應該是中義詞，不能因為「惡」字，就認為「惡搞」是貶義詞。這裡的「惡」只是程度的形容詞，表示「很誇張，超出常規」。有個類似的說法叫「惡補」，其中的「惡」就和惡搞的意思差不多。

當前的惡搞大致可以分成兩類：一類是無傷大雅的「惡搞」，作為生活中的潤滑劑無可厚非；另一類則是顛覆傳統篡改歷史的惡搞，類似顛覆經典的幽默。

惡搞的例子很多，凡是能上網的人都能看到。這種顛覆經典的幽默方法不僅很適合放在表演性的幽默中，如小品、相聲等，一般也可直接用於人際互動或談吐之間。如若能改變角度，結合其他方法，則可以使人與人之間互動增加談吐的諧趣。至少可以用以針對自己，即用於自我調侃，如故作蠢言時加以引用，以大智若愚的姿態出現，使對方與你之間縮短心理距離，增加分享諧趣的管道。

顛覆經典需要一個前提條件，即聽者要心領神會，並且至少要熟悉所顛覆的經典，同時，聽眾也能明白你是在故意顛覆。如果他達不到這種水準，把你的故意顛覆當作無意的錯誤，再來糾正你，那就必然導致幽默感的喪失；或者他當成正確的解釋，那更是南轅北轍，了無生趣。

在西方有兩句經典的格言：「上帝支配眾人的生命」、「殺他同類的

人有罪」，這是家喻戶曉的。有一個西方劇作家讓他的筆下人物說了這樣一句話：「只有上帝有權力殺他的同類。」由於西方人對原來的兩句話有深刻的共識，因而很容易領悟到詼諧之趣。同樣是這一句話，如果在東方人中間，那就不一定會有什麼幽默的效果。所以，中國的相聲，外國人很難聽懂；外國人的脫口秀，沒有很高的外語水準也是聽不出其幽默之處究竟可樂在何處。

此外，以顛覆經典之法喻人，可產生親切感，但也可導致輕浮感，其間分寸，應視具體環境與關係性質靈活掌握。運用之妙，存乎一心，只有在長期的實踐中，才能深深體會，準確掌握。

暗指借代

這裡所謂的暗指借代法，有別於修辭學上的借代，因為修辭學上的借代，是指用對象的部分取代整體。而幽默中的借代法，是直接用一種東西，去意指另一種東西。也正因為如此，後者比起前者來，就有更大的靈活性，而且由於出乎意料，容易出幽默。

例如：一對年輕夫婦走進首飾商店，妻子問店員：「右邊的那個鑽戒要多少錢？」

「3 萬元。」

丈夫驚愕地「哎呀」了一聲，問道：「在它旁邊的那個呢？」

店員答道：「兩個『哎呀』的價，先生。」

「哎呀」當然不能作為標價單位，但由於有了對 3 萬元驚愕得「哎呀」的基礎，借代就可以實現了。幽默的店員使顧客對商品價格的埋怨化為一笑，的確聰明。

難得糊塗

莎士比亞（William Shakespeare）在其著作《第十二夜》中，讓主角說出了這樣一句話：「因為他很聰明，才能裝出糊塗人來。徹底成為糊塗人，要有足夠的智慧。」特殊場景中的假裝糊塗其實是一種機智的應變，是一種大智若愚的表現。

在一些意外的場合，常常會碰到一些意想不到的事情，處理不好著實使人尷尬萬分。此時要化解難堪，不妨假裝糊塗。

難得糊塗法的妙處在於真則假之，假則真之，正話反說，反話正說，先是迷惑對方，然後大家都能體面地從困窘中「拔」出來。

智慧有時就隱藏在難得糊塗的幽默中。在一些特殊的場合，我們常常會碰到一些意想不到的事情，遇到這類情況時，想要化解難堪，不妨假裝糊塗，以幽默應變。下面是俄國著名詩人普希金的一個裝「糊塗」故事。

普希金年輕的時候經常參加貴族們在家裡舉辦的沙龍，不過，那時候的他還不是很有名氣。有一次，在彼得堡一個公爵家裡舉辦的舞會上，他邀請一位年輕而漂亮的貴族小姐跳舞，這位小姐十分傲慢地說：「我不喜歡和孩子一起跳舞。」普希金微笑著說：「對不起，親愛的小姐，我不知道你現在懷著孩子。」說完，很有禮貌地鞠了一躬轉身走了。

普希爾用假裝糊塗的辦法巧妙地回擊了無禮的貴族小姐，使自己體面地下了臺。類似上面這種突發情況下的假裝糊塗，其實是一種高超的機智應變的手段。

在人際互動中，有時故作糊塗有著很強的戲謔性。人們不會為一個人的聰明而發笑，也不會留意那些刻意耍弄的小聰明，但糊塗卻是人們的聚焦點，不管是真的，還是假的，人們都樂於為之開懷。何況故作糊塗本是

高度機智的產物，對方和自己都明白其中的「呆傻」的成分，雙方心照不宣，又抵制不住其俏皮味的誘惑，笑得也就更加的快意和自然。

應當注意的是，故作糊塗背後所隱藏的真實意思，必須要讓對方稍加思考後就能明白，即要讓對方很容易明白你演出的「呆傻」是假的，是你故意運用它來製造幽默。不然，對方對你的「糊塗」百思不得其解，不僅領會不到你幽默的本意，反而會真的認為你是一個愚蠢的人而疏遠你，這就背離了用幽默來社交的本意。

反差對比

對比法，就是在說話中有意把兩個事物、概念或者本身對立的思想、觀點，放在一起進行比較，形成反差強烈的對比，從而產生令人莞爾的效果。

反差對比法也可以將行為和結果放在一起進行比較，這種方法製造出來的幽默往往出於規勸的目的，具有說服的力量。不過最能引起人們感受的還是同類事物不同的待遇。有這麼一個幽默順口溜就是這種典型。

名人用過的東西叫「文物」；凡人用過的視為「廢物」。

名人酗酒稱「豪飲」；凡人多喝叫「貪杯」。

名人略上年紀稱「某老」；凡人年歲再高也叫「老某」。

名人與凡人握手謂「親切」；凡人與名人握手叫「巴結」。

名人強詞奪理為「雄辯」；凡人據理力爭叫「狡辯」。

名人做蠢事稱「軼事」，傳為佳話；凡人做錯事叫「傻事」，遭人恥笑。

名人蓬頭垢面謂「藝術氣質」；凡人不修邊幅叫「邋裡邋遢」。

名人發脾氣叫「個性」；凡人發脾氣叫「劣根」。

名人的無稽之談謂「名言」；凡人的謹慎之言叫「廢話」。

名人的空話謂「指導」；凡人的實話叫「嘮叨」。

社會是有男人和女人組成，所以男女之間的糾葛注定是永遠的。有傷心的女人，也有喪氣的男人。女：「現在的手機呀，一買下來，價格就直線下降，越來越低，唉……」男：「現在的女人呀，一娶回家，脾氣就直線上升，越來越大。」這就是反差對比的幽默趣味，它不但能讓人發笑，還能善意、圓滑卻不失力度地規勸他人。如果是兩個已婚男人碰面，最容易形成訴苦會議。

男人甲：「我妻子經常提起她以前的丈夫，真氣人。」

「別生氣，其實你很有福氣，」男人乙勸解道：「你知道嗎？我妻子經常提起她未來的丈夫。」同樣是對自己的丈夫的不滿意，但男人乙顯然要倒楣得多。想必男人甲聽完後，心裡大概會舒服一些吧。

吹破牛皮

為何天上牛在飛？因為地上人在吹。

為何人愛吹牛？因為吹牛不上稅。

吹牛的笑話很多，你平時既可收集，也可以創作。有空你也不妨試著吹牛，反正吹牛不上稅。美國有個吹牛者俱樂部，專以荒謬誇張吹牛為樂，可見這種幽默技法之實用。

荒謬的誇張幾乎總能引起人們發笑，因為荒謬誇張本身包含了不協調，從而產生強烈的幽默效果。

有時工作閒暇講幾個吹牛的幽默段子，能調節一下緊張情緒，這種幽默段子越是誇張離奇，越能達到娛樂的效果。

吹牛也要有點本事，想吹得好還得講點藝術。這世上的吹牛，大體可

分為兩類，一類是能吹出幽默感來，讓人覺得蠻有意思；一類是吹出了悲哀，不僅使人覺得沒啥意思，還給社會帶來極大的危害。

　　幽默需要的是讓人覺得蠻有意思的「吹牛」。《吹牛大王歷險記》中有一個故事講的是：吹牛大王在森林裡打獵，遇上一頭鹿，可嘆的是手邊沒有子彈，只好把櫻桃核發射出去，打在鹿額頭，鹿跑了。過幾天在森林裡遇到該鹿，牠頭上長出了一棵櫻桃樹。吹牛大王一槍把牠放倒，飽餐了一頓烤鹿肉加一頓鮮櫻桃。另一個故事更加神妙：吹牛大王在森林裡遇上了一隻美麗的狐狸，就是用最小號的槍彈去打，也難免會傷損皮毛。他射出了一根大針，把狐狸尾巴釘牢在樹上，然後折了一根樹條，狠揍了狐狸一頓。狐狸見打不過，只好將軀體從自己的嘴裡跳出去跑了。吹牛大王毫不費力得到了一張完美無缺的皮毛。

　　吹牛皮的幽默，妙就妙在將牛皮吹破。類似「吹牛大王」這樣的吹牛，不僅誰也不會去追究，而且還愛聽愛看，因為他給人以幽默的歡笑。但是，對另一類吹牛，我們就絕不能採取一笑置之的方針了。這類「牛」吹得像模像樣，卻內藏不可告人的目的。這種吹牛其實是吹噓，與前者的區別是：前者吹是為了娛人，而後者吹是為了愚人。

語體移置

　　將某一語體的表達移置為另一種完全不同的語體風格來表達。這叫「語體移置」。柏格林認為，移置是幽默致笑的一個重要方法，將某一思想的自然表達移置為另一筆調，即可得到幽默效果。

　　談情說愛本是甜言蜜語，卿卿我我，但一旦充斥了專業詞彙，便頓生趣意。

　　下面一段對話對此種方法的運用更是引人入勝。

男：「我搜尋到一條重要資訊：『你愛我』，是嗎？」

女：「這條資訊檢索得真有價值，那你打算怎麼處理！」

男：「這對我來說太有用了！我……恨不得……恨不得全部down（下載）下來……」

女：「怎麼down下來？」

男：「將你的全部愛情貼到我的網站中！」

女：「媽媽原本說由我自己做主的，就怕到時不給我落實政策。」

男：「我們不需要父母的贊助！」

女：「小聲一點！你的喉嚨，身歷聲似的，又不是做廣告，要搞得人人皆知！」

男：「不要緊，這是公園最安全地帶，是戀愛的特區。」

上面的戀人把一些行業用語，移入戀愛情話中，調侃意味十分濃厚。

移置可以打破語體間的界限，實行「橫向交流」，造成語體的互相倒位。因此，此法具有極大的幽默性，被大量運用於喜劇小品的表演中。

如相聲《雜讀（空城計）片斷》：

甲：諸葛亮當中一坐，前邊是滿營將官，他對當前敵人的活動進行了一系列的整體分析！

乙：怎麼分析的？

甲：諸葛亮說：「根據我們偵察的情況，以司馬懿為首的反動軍隊，自祁山一帶向我方蠕動，從他們的行動來看，很可能進犯街亭，進一步占據西城，其目的是要把西城作為大規模侵略漢中的跳板。我們知道，西城不但是通往後方的交通幹線，也是極為重要的戰略要地，街亭又是西城的橋頭堡。因此，我們必須主動出擊，把進攻的敵人一網打盡。」

這裡，諸葛亮流利地使用現代語言，今詞古用，悖反了言語交際規

律，很有情趣。

　　總之，突然改變特定語言環境中的特定意義，「褒詞貶用」、「貶詞褒用」、「今詞古用」、「古詞今用」、「俗詞雅用」、「雅詞俗用」，可令自己的語言表達充滿幽默的張力，增加情趣。

　　不過，使用語體移置時，一定要注意掌握好「度」，別把幽默和開玩笑混淆起來，否則那就不是可笑了，而是傷人，聽眾可能會笑，但在他們心目中，你會讓人看不起。

　　有這樣一個例子：某個旅遊團遊覽完某個城市後，當地的導遊小姐提前下車回家並向大家告別。遊客們也紛紛向導遊小姐道謝，有的說「再見」，有的說「bye bye」。但有兩個小青年自認為是有幽默細胞，說：「導遊小姐，走好。」另一個添油加醋地說：「一路走好。」從字面上看，這些話沒錯，但他們把追悼會上用於悼詞、挽聯一類的語體移置到與活人告別上來。倘若是很熟的人，權當開個玩笑，但對半生不熟的人這樣做，就是玩笑開過度了。所以，千萬別讓移置的語體傷了人。

囉嗦絮叨

　　《大話西遊》裡的唐僧就是一個絮叨的典型。諸如「人是人他媽生的，妖是妖他媽生的」之類的經典語言不絕如縷，令悟空心煩意亂，頭疼不已，起到了搞笑的作用。

　　絮叨這種手法如果能運用自如也會很精彩。已故的絮叨大師是位溫厚的長者，只有在溫厚胸懷與境界裡，方能生出「心靈光輝與智慧豐富相得益彰」讓人會心微笑的作品，在這個意義上說，溫厚是幽默之母，也是做人之最高境界。

　　人們在乾枯的擠壓下心靈幾近麻木，所以厭惡透了「奉天承運」式

的「標準語句」和假作歡顏式的「滑稽堂會」。明白的幽默道理，說話近情，絮絮叨叨囉囉嗦嗦卻滋潤了人們的心靈。因溫厚而近情，因近情而從容，因從容而練達，因練達而智慧，因智慧而幽默，因幽默而不朽。

說話囉嗦向來為人們所討厭，然而，在某些特定的場合或特殊氣氛中，「囉嗦」幾句也無妨。巧妙地運用囉嗦語言，不但能活躍談話氣氛，增加談話的趣味，而且還可以使你隨機應變，接受一些正常語言無法勝任的局面。

在一對新人的婚禮上，賓客們故意指著新娘問新郎：「這位是誰呀，也不介紹介紹？」新郎略思片刻，順口答道：「她是我丈母娘的大女兒，也是我媽媽的大媳婦。」

兩句囉嗦話，說得賓客們哄堂大笑。若按常理，像這樣的問話，可簡練地回答：「她是我妻子。」而新郎卻採用囉嗦的語言繞了幾個圈子，一下子使婚禮的氣氛活躍起來。當你處在極為窘迫的境地時，不妨囉嗦幾句，它可幫你增添幽默感。

有一對年輕夫婦，結婚幾年還沒有孩子，兩人都非常苦惱。有一天，他們在路上碰到老同學和他的孩子，說話間，老同學的兒子突然發問：「阿姨，媽媽說要把妳的兒子給我做乾弟弟，我什麼時候才能見乾弟弟呢？」

面對小朋友的問話，妻子十分為難，答吧，怎麼答？不答吧，又下不了臺。這時丈夫靈機一動，答道：「不在今年，就在明年；不在明年，就在後年……」幾句囉嗦話，不但幫妻子解了圍，而且不使小朋友失望。

對那些明知故問，以別人取樂者，囉嗦也是一種有力的武器。

有位好事者，經常蒐集他人隱私。當他得知鄰居小李的妻子比小李大7歲時，便來到小李家，想取樂一番。

他問小李：「你妻子多大了？」小李知道此人不懷好意，便沒好氣地答道：「芳齡多少看你智力，她比我大 7 歲，我比她小 7 歲，她的年齡減 7 是我的年齡，我的年齡加 7 是她的年齡……還有什麼需要知道的嗎？」囉嗦話像連珠炮一樣射出去，使對方沒有插話的機會，好事者最後只好悻悻離去。

要在平常，小李是不會那樣回答的。但面對這位好事者，小李不採用囉嗦式的幽默回答，對方便會喋喋不休地發問，使自己難以下臺。

有時，「囉嗦」式的幽默語言也是一種比較親切的語言，在一些送別、歡聚等人際互動場合，適當地囉嗦一下，往往會使人感到溫暖、體貼，或感受到你對某種事物的重視，當然更會增加你的幽默感。

一語雙關

運用中文的多義或同音現象，在特定的語境中，有意使詞句具有雙重意義，達到言在此而意在彼的表達效果，稱之為「一語雙關」的幽默法。

「一語雙關」又分為「借義雙關」、「寓意雙關」和「諧音雙關」。

其中，「借義雙關」是利用詞語的多義性，借用詞語的表面意義來表現更深一層的意思。我們看下面幾則廣告詞，就是典型的「借義雙關」：

不打不相識 —— 打字機商店廣告；

雖屬毫末技藝，卻是頂上功夫 —— 理髮店楹聯；

實不相瞞，好電扇是吹出來的 —— 某電風扇廠商的廣告。

「寓意雙關」則是指在特定的語境條件下，藉眼前的事物來講述所說意思，言在此而意在彼。這種雙關的特點是用單一意義的一句話、一個句群、一個段落或一個語篇，臨時關涉兩個事物、兩個對象。這種雙關依賴語境而形成，離開某種具體的語境，則不能成立。

小娟帶新結識的男朋友第一次回家見父母。路上，小鵑對男朋友說：「有一隻熊貓深愛著小鹿，表達愛意時卻遭到拒絕，你知道是為什麼嗎？」

男友運用自己的全部智慧，也沒有回答出一個「正確」的答案。

在男友的一再要求下，小娟給出了答案：「因為小鹿的媽媽說了，戴墨鏡的都是一些不良少年。」

話音剛落，男友就大笑起來。笑著笑著，突然停了下來，把自己喜歡耍酷的墨鏡摘了下來。

原來，小娟的母親是一個比較傳統的家庭婦女。小娟怕新男友不被母親接受，而用了這個幽默。

小娟表面上是在說一個幽默，實際上是在提醒男友摘掉墨鏡，並進而提醒男友在自己母親面前要表現「規矩」一些、傳統一些，以討自己母親的歡心。從這個意義上說，這是寓意雙關。寓意雙關的特點是更含蓄、隱晦，更能表現出說話人的機智，讓聽話人感到詞語意味的深刻。不了解他們關係的人，只能從字面上理解，認為是在講笑話，不能理解笑話的深層意義。

「諧音雙關」是利用音同、音近的詞語來製造的「雙關」。

相傳，李鴻章有個遠房親戚，不學無術、胸無點墨，卻想透過科舉，平步青雲。這年他來參加考試，試卷到手後，就頭冒冷汗，連「破題」也不知從何處入手，做了半天的文章也不知自己寫下了什麼。後來他想：「我是中堂大人的親戚，將這層關係拉上，主考官敢不錄取？」於是他寫道：「我是中堂大人李鴻章的親妻。」他把「戚」錯寫成了「妻」。

那主考官為人正直，看了那狗屁不通的卷子正要扔掉，又見上面有一行字，看後，他就在下面批道：「因你是李中堂大人的親妻，所以我不敢娶。」

此主考官順著混蛋考生的錯誤，巧妙地運用雙關法幽了對方一默。這裡的「娶」，即是「錄取」之「取」，又是沖「親妻」而「嫁娶」之「娶」去的。

　　清宮劇中的紀曉嵐和和珅分別擔任當時的侍郎和尚書職務，有一次兩人同席，和珅見一狗在桌下啃骨頭，便問紀曉嵐：

　　「是狼（侍郎）是狗？」

　　紀曉嵐馬上回答：「垂尾是狼，上豎（尚書）是狗。」

　　說實在的，兩人都在罵人，但都含而不露，謔而有度。特別是紀曉嵐，急中鬥智，巧用諧音，以眼還眼，令人稱快。

　　無獨有偶，在狗啃骨頭上做文章的，蘇東坡也有一例：

　　這天，蘇東坡與友人承天寺的和尚參蓼泛舟赤壁，見一狗在岸上啃骨頭，馬上靈機一動，說：「狗啃河上（和尚）骨。」

　　參蓼一聽，覺得話中有話，馬上也回敬一句：「水流東坡詩（屍）。」

　　兩人聽後都哈哈大笑。因為，表面聽來，是吟詩寫實，頌揚風雅，實際是互相戲弄，互相嘲笑。

　　在「一語雙關」的實際操作中，最為重要的是對雙關詞的選擇。要做到恰當地選擇雙關語，實際上並不難，只是平時多多啟動自己的幽默思維，多多注意累積就行了。

戲仿模擬

　　戲仿類比法就是把原有的語言和情境，移植新意與原意形成對照，從而產生不協調之趣，造成幽默感。

　　仿擬，原為修辭格之一，即為使語言詼諧諷刺而故意仿照一種既成的語言形式。在幽默口才中，常常使用此法來製造幽默。

德國 19 世紀的著名作家特奧多爾‧馮塔納（Theodor Fontane）在柏林當編輯時，收到一個青年寄來的幾首拙劣的詩要求發表，並附了一信：「我對標點向來是不在乎的，請您幫忙填上吧。」馮塔納很快給那個青年退了稿，並附信說：「我對詩向來是不在乎的，下次請您只寄些標點來，詩由我自己來填好了。」

一個說「對標點向來是不在乎」，另一個則說「對詩向來是不在乎」，都是書面語言，如果兩人當面對話，肯定也是非常幽默的。

還有一種戲仿模擬是對大家都熟悉的句式的套用。

運用模擬幽默法要掌握好這樣三個字：名、熱、新。

名，就是你所模擬的應當是知名度高的名篇、名言、名句，或大家熟悉的成語、臺詞、俗話等。舊瓶裝新酒親切自然。

熱，就是你要表達的內容要與時代合拍，最好是人們關心思考或者有爭議的熱門話題，這樣就能很快引起人們聯想，產生共鳴。

新，就是觀點新，這是模擬幽默法的靈魂。也就是說，舊瓶裝了新酒還不夠，還必須裝上新的氣息，以造成幽默的醉人氣氛。

模擬幽默法的方法有順擬法、反擬法、比擬法、仿擬法、別擬法等。模擬的要訣在於出人意料地把毫不相干的事扯在一起，內容越是風馬牛不相及越好，距離越大越能引發效果；在形式上，則越是接近，越有幽默的效應。

順擬法是順著舊格式擬出新的內容。由於這種手法多用於觸景生情而即興創作，所以，常能迸發出新的寓意和偶發詞。

反擬法就是把我們在日常生活中的習慣用語，偶爾反用其意，造成新奇的幽默感。比較而言，反擬比順擬更能留下深刻的印象，這是反差造成的效果。例如：

有一位經理，在大會上給員工們作報告。為了嚴肅紀律，獎勤罰懶，他堅決地說：「誰說我們是殺雞給猴看？我們還偏要殺個猴給雞看！」

「殺個猴給雞看」這個反擬的幽默在這場鬥爭中，不是扮演了一個恰如其分的角色嗎？

反擬法看起來簡單，只是要將現成話反過來說，但是，必須說到點子上，才有幽默感。只要你懂得點到為止的道理，強摘的瓜也甜。

在「反擬法」的實踐過程中，一定要注意反擬對象的選擇，能找到精妙的搭配對象，幽默的效果才能更明顯。

還有這麼一個故事。

甲魚又叫團魚或鱉，俗稱王八。其味鮮美，其價也日益昂貴，「吃的不買，買的不吃」，實乃送禮的極佳禮品，也是公關的明星。

甲魚是鄉下名貴水產品，鄉下人的禮品能送到這一層次，已是極高級的了。某鄉下人想為其子在一公司中謀一職，遂攜甲魚數隻去公司送禮，因其重量不同，又須按「職」分配，為免錯記，故將官名寫在紙上，貼於鱉背上。

到公司大樓前，天色已晚。不料竹簍傾覆，眾甲魚乘暮色爭相逃命，鄉下人忙呼叫兒子：

「趙總經理」跑啦！那個塊頭最大的。

抓住「錢經理」——小心牠咬手。

那牆角一團黑的，莫非是「孫主管」？

「李祕書」個頭小，爬得快，怕是找不到了。

某報曾刊登過這樣一篇寓言。

飢貓與餓虎相遇。貓問虎：「我因吃不到東西而飢餓，你精神不振，難道也吃不到東西嗎？」

虎答：「我一直以人為食物，只是現在這個世界上，難以找到一個像模像樣的人，我怎麼還有東西吃呢？我真的有可能要被餓死了，這是我為什麼精神不振的原因；而你一直以鼠為食，這世上沒有人了，難道老鼠也沒有了？」

貓嘆道：「怎麼能說現在世上沒鼠呢？只是近些年來鼠輩太多，且越來越多有集體意識，其中的一些又極會鑽營，一個個都鑽營到擁有很高的地位，護衛森嚴，教我如何敢去吃牠！」

應該說這是一則難得的寓意較深、諷世尖刻的幽默，是「比擬法」中的一篇傑作。試想，如果不是透過「貓虎對話」來把世上的壞人臭罵一通，一般還真不容易製造出這種效果。

類比幽默的另一主要方式即「仿擬」。所謂仿擬，即故意模仿現成的詞、語、句、調、篇及語句格式臨時創造出新的詞、語、句、調、篇及語句格式。

在人際互動中，恰當地運用仿擬可以更好地助你溝通與交際對象的情感；可以把原本很生硬、很無味的「死」語言化為生動活潑、詼諧幽默、意趣橫生、新穎奇妙的「活」語言，可見，仿擬是幽默賴以產生的一塊「肥沃的土地」。仿擬主要借助於某種違背正常邏輯的想像和聯想，把原來適用於某種環境、現象的詞語用於另一種截然不同的新的環境和現象之中，產生一種新鮮、奇異、生動的感覺。

有些人精力過剩，浪費過度，有勁沒處使，有力沒處用，整天泡在麻將裡。

「春眠不覺曉，時間何時了，夜來麻將聲，輸贏知多少。」

某大學一位團委書記，在彙報工作時談到當今部分學生厭學狀況，仿擬劉禹錫的《陋室銘》講了一段「教室銘」：

「分不在高，及格就行；學不在深，作弊則靈。斯是教室，惟吾閒情。小說傳得快，雜誌翻得勤。琢磨下象棋，尋思看電影。可以打瞌睡，寫家信。無書聲之亂耳，無複習之苦心。雖非跳舞場，堪比遊樂廳。心裡云：混張文憑。」

全場聽眾屏息靜聽，聽完一齊歡笑出聲，笑完又陷入沉思。這位團委書記的發言效果良好，當歸功於「仿擬名篇」的技巧。

有人感謝朋友專程送行，手執朋友雙手，吟道：「澱山湖水深千尺，不及老友送我情。」也算是仿擬李白的詩句：「桃花潭水深千尺，不及汪倫送我情」，真是情真意切。

在講話中仿擬名句，以求生動的做法，古來就有先例。

據說，蘇東坡和好友劉頒等人一起飲酒，相約各自仿照古人名篇即景講述。輪到蘇東坡時，他看到劉頒因病而掉光了鬢髮的腦袋，還發現劉頒的鼻樑也陷了下去，陡然想起劉邦的《大風歌》：「大風起兮雲飛揚，威加海內兮歸故鄉，安得猛士兮守四方？」於是吟道：「大風起兮眉飛揚，安得壯士兮守鼻樑？」兩句戲言，引得眾人大樂。

與其他方法製造的幽默相比，仿擬法製造的幽默常常帶有諷刺的意味。

一次，與邱吉爾共事的保守派議員威廉‧喬伊森希克斯（William Joynson-Hicks）在議會上演說，看到邱吉爾在搖頭表示不同意，便說：「我想提請尊敬的議員注意；我只是在發表自己的意見。」邱吉爾對答道：「我也想提請演講者注意，我只是在搖我自己的頭。」

有一首詞諷刺了某些機關機構鬆懈苟且的弊病：

才不在高，應付就行；學不在深，奉承則靈；斯是科室，惟吾聰明。庸俗豈有趣，流言作新聞。談笑無邊際，往來有後門。可以打毛線練氣

功。無書聲之亂耳，無國事之勞神；調資不落後，級別一樣升。古人云「樂在其中」。

面對學習、考試，有些同學這樣說：

「讀書誠可貴，考試價更高，若非文憑故，二者皆可拋。」

古典小說《紅樓夢》問世以來，不知多少人模擬裡面的《好了歌》抨擊時弊。諸如此類套用舊格式填上新內容的類比法，很像填詞，只要你是有感而發，就不會「為填新詞而發愁」了。

別擬法要擬得自然貼切，切忌生搬硬套，應當追求一種天然的妙趣，人為的痕跡越少越好。

我們為什麼要透過模擬的方法，使幽默感在模舊中擬新呢？一方面是順應人們喜新厭舊的心理，另一方面也不忽視人們喜新戀舊的心理，將這兩種心理移植在一起，也便產生了模擬幽默法。

極度荒謬

在一場大火災過後，得救的年輕美貌女子對一個見義勇為、沖入火場營救自己的年輕男子說：「真是謝謝你，你為了救我一定花了不少力氣吧？」

男子擦了擦汗：「那當然！為此我打退了三個消防員！」

哈哈，你相信男子的話嗎？但相不相信又有什麼關係呢？哪有火場救人不費力的。男子用明顯荒謬的回答，巧妙地避開了自誇的嫌疑（他要是循規地敘述救人的艱難，難免有誇耀的嫌疑），並展示了自己的樂觀與幽默。依編者看，這名男子要是未婚的話，難免會得到該美貌女子的垂青，或許會成就一番姻緣呢。

對於荒謬至極的幽默來說，荒謬有結果自然重要，但更重要的是導致

荒謬的過程，要讓聽眾看到荒謬的前因和後果之間的邏輯關係是如何被一步又一步，一個環節又一個環節地被歪曲的。

馮夢龍所作《雅謔》中創造了一個真痴真呆的「迂公」形象，以一點著迷至極端而不悟為特點。

迂公家中收藏著幾張宋朝的紙，恰逢有一個有名的書畫家從外省來，有人就建議迂公請這個有名的書畫家在迂公名貴的紙上留下筆墨。迂公說：「你想糟蹋我的紙嗎？我收藏宋朝的紙，當然要等宋朝人來畫。」

身為明朝人而等待著明朝以前幾百年的宋朝人來畫，實際是把未來當成了過去。這個迂公太著迷於宋朝的紙了。

有人告訴迂公說：「馬肝很毒，能毒死人。」

迂公不相信，笑起來說：「胡說八道，肝在馬肚子裡，馬為什麼不死？」

這個人和他開玩笑：「馬活不到一百年，原因就在肝。」

迂公恍然大悟。正好他家中養著一匹馬，就剖開馬肚取肝，馬當場死了。迂公把刀扔在地上嘆息說：「一點不錯，馬肝非常毒，把肝拿掉，馬還是活不成，何況留在肚子裡！」

這類故事是迂公故事中幽默感最強的，原因是既有一個著點，又有一個極化點，極化點把著迷點的荒謬性大幅度地加強了。開頭問馬肝在馬肚裡，馬為什麼不死？這樣的問題已經很荒唐了，最後又殺馬取肝，居然得出「拿掉還活不成，何況留在肚中」的結論。這裡是反向求因造成的怪誕，不過這裡的原因不是一般的反向，而是反向的極端。

荒謬的幽默不只是來諷刺別人，有時還可以用來緩解對立，營造和諧氣氛。

比如，有這樣一個笑話。

宰相慶祝八十大壽。為藉機發財，便不管親疏遠近，到處發請帖。

紀曉嵐對此十分不滿，到壽辰前一天打發人送去大紅幛一個，上寫四個大字：「真老烏龜」。

宰相見了，十分惱火。第二日，請紀曉嵐當面解釋。

紀曉嵐從容地說：「君為前朝老臣，年且八十，是為『老』；世世代代烏紗蓋頂，是為『烏』；自古以來，龜鶴齊名，都是高壽的象徵。魏武帝是何等人物，尚且稱頌龜為神龜，欣逢老相國壽辰，以此神物祝頌，當為不妄；『真』者，實實在在，當之無愧之意也。」

經他這一解釋，眾人哭笑不得。老宰相有苦難言，一時想不起合適的對策，只得改容相謝。

謬上加謬

謬上加謬法與荒謬極端化是有區別的，它是把荒謬層層演進的幽默方法。它要求不但有幽默感，還要使幽默感不斷增強。這就要求把微妙的荒謬擴大為顯著的荒謬，把潛在的荒謬提高為擺在面前的荒謬。

古代有個笑話：有一個人非常吝嗇，從來不請客。有一次別人問他僕人，他什麼時候能請客，僕人說：「要我家主人請客，除非等到來世。」主人在後面聽到了，罵出聲來：「誰要你許他日子。」

本來說「來世請客」已經由於來世的不存在而不可能了，也可以說徹底否定了，說的人和聽的人都很清楚，沒有任何疑問。從傳達思想來說這種荒謬已經足夠了，但是從構成幽默的效果來說還不夠，因為它太平淡了，不夠到位，幽默感所要求的荒謬必須得有點絕才成。

這裡的主人絕就絕在明明來世請客是永遠不請客的意思，否定的意思，他卻認為還不夠。因為從形式上來說來世請客，句子是肯定的，還沒

有到從內容到形式都達到絕對否定的程度。在他看來哪怕是否定請客的可能性，只要在字面上有肯定的樣子也都是不可容忍的。正是這種絕對的荒謬就產生了幽默感。

有一個羅馬時期流傳下來的故事。有一個人想要安安靜靜地工作，就吩咐僕人，如果有人來訪就說他不在家。這時有一個朋友來了，遠遠看到他在家，雖然他不相信僕人所說的話，但仍然回去了。第二天，這個拒絕接客的人反過來去拜訪他的朋友，他的朋友出來對他說：「我不在家，我不在家！」這已經夠荒謬了，明明自己出來了，卻說不在家，但是還不夠絕，因為這種荒謬還帶著賭氣的意思，純賭氣則不屬於幽默之列，它與輕鬆的幽默無緣（除非是故意假賭氣）。

客人表示大惑不解。他的朋友接著說：「你也太過分了，昨天我都相信了你僕人的話，而今天，你居然連我說的話也不相信。」

這話才叫絕了。

絕就絕在一句話中包含著多個層次的荒謬。第一個層次，明明在，卻說不在；第二層次，你昨日明明在，卻讓僕人說不在，這成了我今日說不在的前提；第三個層次，我明明知道你僕人說謊卻相信了，我比你的僕人地位更高，因此你該相信我的話。

強化幽默效果的方法除了把荒謬逐步推向某個高度成為謬上加謬外，還可以將多個荒謬集中在一個焦點上，成為複合的荒謬，我們把這種幽默方法叫做謬上加謬或謬上疊謬。

謬上加謬的特點是不管何種可能性，只管一條路往荒謬的結果上推演，於荒謬絕倫時才會有強烈的幽默感。

比喻諧趣

　　有個非常想當詩人的人站在大海邊，看到一望無際的海天一色，便忍不住抒情：「大海啊，我的母親⋯⋯」話音剛落，一個浪打了過來，「詩人」猝不及防，被海浪掀翻倒地。

　　他爬起來心裡忿忿地再抒情：「你⋯⋯你⋯⋯你真像我的後母！」

　　比喻，是人們表達自己意願時常見的修辭方法之一，通常是根據甲乙兩類不同事物的相似點，用乙事物來比喻甲事物。運用比喻，可以把抽象的事物、深奧的道理講得具體形象、通俗易懂。

　　比喻也是幽默藝術中常用的方法之一，有明喻、暗喻和借喻等多種使用方法。幽默藝術在運用語言移植技巧時常常採取明喻和暗喻方法，而在運用語言交叉技巧時常採取借喻方法。

　　明喻是由本體、喻體和喻詞三部分構成的；暗喻由本體和喻體兩部分構成；而借喻則是以喻體代替本體。在語言移植技巧手段中，本體、喻體和喻詞之間的差距極大，褒貶色彩也截然不同，含蓄而又出人意料的比喻常能給人以意料之外、情理之中的感覺，產生意味深長、忍俊不禁的幽默效果。在語言交叉技巧手段中，巧妙的借喻使表面意義上的喻體和其所暗示的、帶有一定雙關意義的本體構成交叉，讓人在領悟了比喻的真正含義後發出會心的微笑，因而具有很強烈的幽默效果。

　　一次，有人問愛因斯坦（Albert Einstein）什麼是相對論，愛因斯坦解釋說：「你和你最親愛的人坐在火爐邊，一個鐘頭過後，你覺得好像只過了五分鐘；反過來，你一個人孤孤單單地坐在熱氣逼人的火爐邊，只過了五分鐘，但你卻像坐了一個小時。這就是相對論。」愛因斯坦用人們日常生活中的真切體驗來解釋高深玄妙的相對論原理，讓普通人也能理解。

人們幽默是為了描繪事物，或闡述道理，或表述情感等，要把這些東西表述得生動具體，使別人印象深刻，並不是一件容易的事。如果能運用貼切的比喻，就能化難為易，話半功倍，具有說服力。

幽默所採用的比喻手法和一般修辭意義上的比喻在審美要求方面是截然不同的。一般的比喻以貼切、神似、諧調為原則，但幽默則反其道而行之，刻意追求由反差過大或因對比荒謬所造成的不諧調，這是比喻在幽默表現方法中的一種特殊用法。

舉個例子，有一位司機不小心違反了交通法規，被交警扣下了。他磨蹭了半天，總是強調自己真的不是故意違反交通規則，而是偶然不小心違反的。交警也有些無奈，而且這個人違規現象並不嚴重，但教育了半天似乎不處罰也不行，有點下不來臺。交警有些不情願地問：「我已經糾正你半天了，那你想怎麼接受處罰？」這位司機看到有鬆動的跡象，馬上運用了一個諧趣的比喻，儘管不文雅卻也挺幽默，他說：

「好，我們來一個乾脆的吧，就當我是一個屁，您把我放了吧。」結果不用說，您也猜得到。

顛倒黑白

做人不能顛倒黑白，否則其人際關係一定處處被動，這是起碼的一個常識。但顛倒黑白在幽默使用方法中常能起到一個很雅致的「笑果」，在引人發笑的同時，活化彼此的關係。

下面的例子是最好的說明。

有一戶人家，一貧如洗，一小偷夜入家門，主人雖然清楚，但很坦然，隨便小偷去偷。小偷摸到了米缸，脫下身上衣服去包米，主人想這是明天的飯食，不能讓他偷走，於是順手把小偷的衣服拿了過去。小偷找不

著衣服，驚醒了主人的妻子，妻子告訴丈夫有小偷。丈夫說：「沒有賊，睡吧！」小偷搶白道：「沒有賊，我的衣服怎麼不見了？」

這則笑話中的小偷反客為主，斥問主人，令人好笑。

列車員看到一位老太太的火車票說：「老太太，這是開往南部的票，可我們這班車是到北部去的。」

老太太一臉嚴肅地看著列車員，問道：「怎麼了嗎，難道就連火車司機也沒發現他開的方向不對嗎？」

作為乘客，只能登上符合旅遊方向的車，老太太以自我為中心，認為火車走錯了方向，並要求司機轉向，事理荒謬而可笑。

看了以上三個例子，相信讀者看出了幽默中的「顛倒黑白」與我們日常理解的「顛倒黑白」的微妙區別。

數不厭精

在日常生活中，我們常會使用一些數學，有時必須精確無誤、有時則要求籠統含糊一些。如果在該用模糊資料的時候，你卻非常精細地表述，不自覺地產生了幽默感，就是幽默之中的「數不厭精」。

蛇、螞蟻、蜘蛛、蜈蚣幾個人在家裡打麻將。8圈之後，菸抽完了。大家商量讓誰去買菸。

蛇說：「我沒腳，我不去，讓螞蟻去。」

螞蟻說：「蜘蛛八隻腳，比我的多，讓蜘蛛去。」

蜘蛛說：「我的腳再多也比不過蜈蚣大哥呀，讓蜈蚣去吧。」

蜈蚣無奈，心想：「沒辦法，誰讓我腳多呢？」

於是蜈蚣出門去買菸⋯⋯一個多鐘頭了，不見蜈蚣回來，兩個鐘頭後，還不見蜈蚣買菸回來。於是大家讓蜘蛛出去看看，蜘蛛一出門就看見

蜈蚣在門口坐著，蜘蛛很生氣，問：「你怎麼還沒去呀？大家等著呢。」蜈蚣也急了，說道：「廢話！你們總得等我穿好鞋吧！」

有些時候，沒了突出「數不厭精」的精細之處，就可將精細和粗略兩者結合起來，用粗略襯托精細的不協調來表現出幽默感。

旅遊者來到一座博物館參觀。講解員指著一件出土文物說：「據專家考證，它已經有四十萬零八年的歷史了。」

旅遊者很驚奇，趕忙請教：「那你們是如何將年代測定得如此準確呢？」

講解員應聲而答：「先生，這很簡單，我來到此地工作已經八年，當我剛來時，他們就告訴我這件文物已有四十萬年的歷史了。」

這位講解員在職八年，給人們帶來的快樂一定不少。因為他是一個有幽默感的人。

與敵交戰，兵不厭詐。引人解頤，數不厭精。比如你可以在戀人遲到時，聲稱對方「遲到了 1 小時 28 分 35 秒」，效果會比簡單地責怪對方遲到太長時間或 1 個多小時有趣而又有效得多。

「說吧，有什麼就說吧，」妻子對生悶氣的丈夫說：「我看你的嘴唇動了 25 次，也沒聽到你吐出一個字。」

—— 怎麼樣，這種簡單的幽默方法一學就會吧？

避重就輕

如果故意避開對方表達中的重點，而強調一些非重點來幽默地對話，是會使用幽默的人常用的招數。

比如，貧窮的房客對房東太太說：「您的房子怎麼又漏雨了？」

房東太太笑道：「憑你付的那點房租，難道還想漏香檳酒不成？」

很清楚，房客的問話中強調的重點詞是「漏」，而房東太太則避開「漏」而突出地強調「雨」字，因而有「你還想漏香檳酒不成？」的反問。

又如，一位外國使者看見美國總統林肯在擦自己的皮鞋，讚揚地說：「啊，總統先生，您經常給自己擦鞋子嗎？」

「是啊，」林肯答道，「那麼您經常給誰擦鞋子呢？」

林肯巧用「自己」在不同位置重讀所表示的不同意義，重點轉移，妙語生輝。

在日常生活中，我們為了增加幽默感，就會經常使用避重就輕的方法，甚至連孩子都會使用這種方法。

下面請看兩個發生在小孩身上的幽默：

其一

老師：「小明，你為什麼上課吃蘋果？」

小明：「報告老師，因為我的香蕉吃完了。」

其二

父親：「你小子真沒出息，我在你這麼大年紀時，可沒撒過這麼大的謊。」

兒子：「那麼，您是從什麼時候開始撒這麼大的謊呢？」

這些例子都是避重就輕，巧妙地用上了幽默技巧，因此讓人聽了忍俊不禁。

曲解詞語

曲解詞語法，指的是故意對某些詞句的意思進行歪曲的解釋，以滿足一定的語言交際需求，造成的幽默風趣的言語特色，叫人忍俊不禁，從而增加輕鬆愉快的談話氣氛，更好地協調人際關係。

一位女子問自己的戀人：「小張，你怎麼夏天胖，冬天瘦啊？」

男子應聲而答：「這叫熱脹冷縮嘛！」一句話逗得女友咯咯笑個不停。

這裡，男子對「熱脹冷縮」作了曲解。

詞語有它固定的含義，絕大多數不能按其字面的意思來機械解釋，而曲解詞語法卻偏偏「顧名思義」，突破人們固定的思路或者說跳開常理，從而產生幽默感。

國文課堂上，老師問道：「『待人接物』是什麼意思？」一學生起立說道：「就是待在我家裡，等著接受別人送的禮物。」教師：「啊？咳！少壯不努力，老大徒傷悲呀！」這學生接著道：「那沒關係，我是老二！」

再看一例，地理考試時，老師要學生簡略描述下列各地：

阿拉伯、新加坡、好望角、羅馬、名古屋、澳門。

其中小明這樣寫：從前有個老公公，大家叫他阿拉伯，有一天他出去爬山，當他爬到新加坡的時候，突然看見一隻頭上長著好望角的羅馬直沖過來，嚇得他拔腿跑進名古屋，趕緊關上澳門。

靜態的詞語大多是多義的，但是在一定的語境之下使用就轉靜態為動態了。動態詞語一般為單義，曲解詞語法就是利用語言的多義性，即明知是甲義，偏理解為乙義，有意混淆它們，以求產生幽默的效果。

曲解詞語法除了經常「顧名思義」、「利用多義」之外，還常利用音同音近的諧音。生活中這種情況很常見，歇後語即是用這種曲解詞語的手法創造成功的。

強烈的幽默效果往往產生故意曲解某些詞語的含義中。所以，當你使用曲解詞語法時，一定要讓人感到你是故意曲解詞語，而不是「無意」，否則，也許會讓人以為你就是個大傻瓜。然而，特定的語境加你的曲解，會使你表現出自己的智慧。

出人意料

什麼算是出人意料的幽默法呢？即事物發展的結果有多種可能，本來可以順理成章讓人們產生多種想像與預測，但實際的結果卻與這些想像推測的結果是完全大相逕庭的，想像的結果與實際的結果之間產生了強烈的反差，從而產生出幽默的效果。

出人意料法也是我們在與他人對話時用得較多的一種幽默方法，它的幽默效果是十分明顯的，也最能激起人的心理反差。

比如：

英文女老師：「eye（眼睛）是什麼東西？」

學生：「不知道！」

英文女老師：「鼻子的兩邊是什麼？」

學生：「是雀斑！」

再看下面一個幽默。

一位有 5 個孩子的父親，手裡拿著一個剛買的玩具回到家裡，他把 5 個孩子全叫到跟前，想問他們這個新買的玩具應該給誰。他說：「是誰最聽媽媽的話，從不頂嘴，而且總是把媽媽交代的每一件事做得很好，那麼這個玩具就給他，好不好？」

5 個孩子沉默了一會兒，異口同聲地說：「爸爸，這個玩具應該留給您玩。」

這個幽默使用的就是出人意料法。

因為按照我們的想像，這個玩具不是給老大，便是給老二、老三或老四、老五，而實際的結果呢？卻是給爸爸，因為他「最聽媽媽的話，從不頂嘴」。想像與實際的反差令人意想不到，需要細心體會。

物理課上，教師正在講振動和共鳴，為讓學生理解，老師提問道：「如果朝魚塘裡扔一塊石頭，會發生什麼現象？」

學生異口同聲地回答：「罰款 5 元！」

出人意料幽默法分為兩部分。第一部分是想像部分，即要盡可能地激起人們對事物結果的種種想像，想像得越多，就越成功。

一位年過半百的貴婦問劇作家蕭伯納：「您看我有多大年紀？」

「看您晶瑩的牙齒，像 18 歲；看您蓬鬆的捲髮，有 19 歲；看您扭捏的腰肢，頂多 10 歲。」蕭伯納一本正經地說。

貴婦高興地笑了起來：「您能否準確地說出我的年齡來？」

「請把我剛才說的數字加起來。」

這則傳說帶有誇張色彩，蕭伯納機敏過人，能言善辯，也是歐洲文壇出了名的幽默家。他在這裡使用的也是出人意料幽默法，先是引起貴婦人的種種想像，以為蕭伯納不能準確地說出她的準確年齡。18 歲、19 歲或是 10 歲，而實際的結果則是大出貴婦意料之外，是將這「三個數字加起來」。蕭伯納這樣的諷刺方法，會使當事人覺得挖苦得過分了些，但在旁人看來卻是恰如其分的幽默。

出人意料法的第二部分是結果部分。結果部分一定要和想像部分不同，而且這種不同必須反差相當的大，這樣才能造成反差越大產生幽默感就越強。因此，實際的結果一定要不符合常規，因為人們的想像是常規想像，是符合事物發展一般規律的想像，結果如果不合常規，性質一下子就變了，縱然你常規想像再多，也難以與結果相同了。

舉個例子，在開往日內瓦的快車上，列車員正在驗票。一位先生手忙腳亂地尋找自己的車票，他翻遍所有的口袋，終於找到了。他自言自語地說：「感謝上帝，總算找到了。」

「找不到也不要緊,」旁邊一位紳士說,「我到日內瓦去過 20 次都沒買車票。」

他的話正巧被站在一旁的列車員聽到了,於是火車到達日內瓦車站後,這位紳士被帶到了車站辦公室受到了嚴厲的質問。

「你說過,你曾 20 次無票乘車來到日內瓦。」

「是的,我說過。」

「你知道,這是違法的。」

「不,我不這麼認為。」

「那麼,你如何向法官解釋無票乘車是正當的呢?」

「很簡單,我是開汽車來的!」

出人意料法在我們的言語交際中使用得也相當多。值得注意的是,它在實際的語言互動中,實際的結果可以不合常規,但一定要符合情理,即情理之中、意料之外。情理是我們語言互動要達到的目的,捨此目的,再幽默也是白搭。

一個人問農夫道:「你用什麼餵豬?」

「用吃剩的東西和廢棄的菜葉子。」農夫答道。

「這樣說來,我該罰你,」那人道:「我是大眾健康視察員,你用營養欠缺的東西去餵養大眾吃的動物,是違法的,罰金一百美元。」

過了不久,另一個穿著整齊的人走來向農夫問道:「多肥的豬啊!你餵牠們什麼?」

「魚翅、雞肝、海鮮之類的東西。」農夫答。

「那麼,我該罰你,」那人說,「我是國際食物學會的視察員,世界上有超過總人口三分之一的人在餓肚子,我不能讓你用那麼好的食物餵豬,罰你二百美元。」

又過了數月，來了第三個人，如前兩個人一樣，他在農夫的圍欄上探頭問道：「你用什麼餵豬？」

「老弟，現在我每天給五美元，牠們想吃什麼就買什麼。」農夫答道

「出人意料」是幽默手段中很常用也很容易掌握的一種方法。在操作時，關鍵是要注意做好以下三點：

一是前後落差應該愈高愈好，這樣才能形成強大的衝擊力；二是在轉換過程中要符合邏輯，能誤導別人按自己設計的思路想像，維持假象的合理性，這樣才便於產生突然爆發的效果；三是抖包袱時要乾淨俐落，語言明確、簡潔，便於欣賞者迅速掌握這急遽出現的變化，體會這變化的奇妙或者荒唐，從而讓心中溢滿快樂。

無論是在演講或是日常生活交談中，如果能成功地運用出人意料的幽默技巧，就可以得到舒展聽眾情緒、吸引聽眾注意、傳達幽默感的作用。

在當今漫天飛舞的手機訊息幽默中，大量地使用了出人意料的幽默手法。比如：

- 有兩句話一直很想對你說，今天終於提起勇氣：第一句，我愛你我好喜歡你；第二句，千萬不要把第一句當真。
- 我願在星空下等待，等到一顆星星被我感動，劃破夜空的寂靜，滿載我的心願，落在你熟睡的枕邊……砸扁你。
- 你在等待我的出現，當你呼喚我時，我早已無路可退，腦子一片空白，只能乖乖走向你……交警。
- 第一次見你，我已被你深深吸引，我有一種把你帶回家的衝動，我渴望夜夜擁你入眠，清晨醒來時能看到你在我身邊……枕頭啊！
- 第一眼我就認定你是我今生該等的人，但我唯一的遺憾是……抱歉，我認錯人了。

巧設圈套

巧妙地設一個小小的圈套，讓對方掉進去後，不但不惱，而且覺得很開心。

甲、乙二人在酒吧喝酒。甲說：「我能用牙咬自己的左眼。你敢為此下一百美元的賭注嗎？」

乙很想輕鬆地贏一百元，於是下了注。只見甲不慌不忙地把左眼當中的假眼珠挖出來，放在嘴裡輕輕咬了一下，於是乙輸了。

甲又說：「給你撈回賭本的機會。這回我用我自己的牙咬自己的右眼。」

乙想：「你總不會兩隻眼睛都是假的吧？他狠了狠心，又下了一百元賭注。」

甲摘下假牙，把它慢慢移近右眼，這回乙的眼睛都瞪大了！

還有人們比較熟悉的一則小幽默，與上則幾乎如出一轍：

一報童在廣場上大聲叫賣：「驚人的詐騙事件，受騙者高達82人！」

一個人奔去買了報，卻怎麼也找不到什麼詐騙事件的報導。這時，卻聽見報童又在叫賣：「驚人的詐騙事件，受騙者已達83人！」

以上兩則幽默，雖從內容上說都有點巧取豪奪的騙人意味，但無論從編故事的初衷來看，還是從欣賞者的角度看，都可當作一種有趣的智力遊戲，因此不至於有招搖撞騙之嫌。

如果說以上兩則幽默主要側重於「觀賞性」的話，那麼，以下這則可能就具有較強的實踐操作性。

操場上，一隊士兵整齊地排著隊。

連長叫道：「誰喜歡音樂，向前三步走。」

六位戰士走出隊伍。

「好，請你們六人把鋼琴抬上三樓。」

連長巧妙地設下一個小小的圈套，就將六名戰士套了進去。

巧設圈套法在應用上，要注意一個尺度，讓進入圈套的人只是付出很小的損失，才不至於違背法律與道德。總之，重在幽默，而非其他。

實際上，巧設圈套法能幫助我們解決不易化解的難題。

殊途同歸

在通常情況下，相同的原因，產生相同的結果；不同的原因，產生不同的結果。如果同樣一個人，同樣一件事，同樣的原因、條件，卻產生不同的結果，從正常的道理講來，這是不合邏輯的。而對於幽默感的構成來說卻不然，在許多情況下，越是同因異果，越可能構成幽默，這就是所謂的殊途同歸幽默法。

我們都知道，做人總不能在同一事情上翻來覆去而總是有理，然而按幽默感來看，若能顛倒有理，左右逢源，則屬智慧與諧趣之上乘。

舉一個典型的例子。愛因斯坦初到紐約，在大街上遇見一位朋友，這位朋友見他穿著一件舊大衣，便勸他更換一件新的。愛因斯坦回答說：

「沒關係，在紐約誰也不認識我。」

幾年以後，愛因斯坦因相對論的發表而名聲大噪。這位朋友又遇見他，他仍然穿著那件大衣。這位朋友勸他去買一件新大衣。愛因斯坦說：

「何必呢，反正這裡的每一個人都已經認識我了。」

愛因斯坦的過人之處不但在於其幽默式的說話態度，而且在於評價相同的事物時，卻運用了形式上看來是互不相容的理由。以不變應萬變，不管情況怎麼變幻，而行為卻一點也不變。

殊途同歸的幽默技巧在人際互動中很有實用價值，它能讓你在情況極

端變幻的情況下，總是能找到有利於自己的理由，哪怕互相對立的理由，也都能為己所用。

當然，這種幽默術的功能不但能用於舒緩人與人之間的緊張關係，有時也可以用於相反的目的，使人與人之間的緊張關係達到更高境界，對方卻無可奈何。

馬克吐溫有一次在回答記者提問時說：「美國國會中有些成員是婊子養的。」

國會成員們都大為震怒，紛紛要求馬克吐溫澄清或道歉，否則便要訴諸法律。

幾天以後，馬克吐溫的道歉聲明果然在報紙上登出來了：

「日前，本人在酒席上說有些國會議員是婊子養的。事後有人向我大興問罪之師；經我再三考慮，深感此言不妥；故特登報聲明，把我的話修正如下：『美國國會中有些議員不是婊子養的。』」

表面上看是馬克吐溫作了 180 度的大轉彎，實際上是他作了一個邏輯學上的遊戲，「有些是」就意味著有些不是，而「有些不是」就意味著有些是。在形式上是從肯定到否定，而實際上是否定暗示著肯定，殊途同歸。

大事化小

大事化小的幽默技巧，經常運用在我們的日常生活中。這種利用大事化小、小事化無的幽默法不僅有助於你擺脫交際生活中的困境，而且起到融洽人際關係潤滑劑的作用。使人們在幽默的語言中，感到溫馨快樂。

大事化小法運用得當，其幽默效果是很明顯的。比如有的司機開汽車太快，結果出了車禍，輕則重傷，重則喪命。為了使人們提高警惕，便可以運用大事化小的辦法，使用幽默語言進行勸告，則更有效。因為條例

法規的限制，不如幽默的勸告效力高，幽默使人覺得親切並感受到關懷。

馬來西亞的柔佛市，在交通安全週的活動中就貼出這樣一組大橫幅的標語：「閣下駕駛汽車，時速不超過30公里時，可以飽覽本市的美麗景色；超過60公里，請到法庭做客；超過80公里，歡迎光臨本市設備最新的急救醫院；時速100公里，祝君安息吧！」

可以想像，讀到這一組標語的每一位駕駛人，在發出會心的笑聲之餘，一定會對交通安全問題大為警惕，這種以大化小法的幽默效果也就油然而生了。

在我們日常的社交生活中，這種大事化小、小事化無的幽默更是處處可見，時時運用。

有一位年近古稀的老人過生日時，一家子為老人設家宴祝壽。正當全家人眾星捧月似的圍坐在老人身旁，一邊喜氣洋洋地談笑風生，一邊敬酒吃菜時，突然聽到「呼」的一聲巨響，原來是準備今年考大學的孫子撞倒了熱水瓶。

孩子頓感手足無措，大家也有喜慶日子大煞風景的感覺。

爺爺一驚之後，哈哈一笑說：

「這熱水瓶早該碎了，孩子今年考大學，不能停在原來的『水平』上。今天他在這喜慶的日子裡，打破了舊水瓶，這不僅像為我的生日放了鞭炮一樣，而且也是他考上大學的好兆頭，你們說是不是這樣啊？」

一席話說得一家大小哈哈大笑，生日喜慶的氣氛更加熱烈了。擺脫了窘境的孫子也不好意思地跟著大家笑了。

在這裡，爺爺運用的就是大事化小的幽默法。他巧妙地利用「水平」和水瓶的諧音連繫在一起，既化解了這樁意外的煞風景事件，又讓孩子高高興興地擺脫了困境，起到了一箭雙鵰的作用。

刻意誇張

大事化小可以成為幽默的手法，小事化大同樣也可以成為幽默的手法。幽默的表達真是多種多樣、不拘一格，小事化大其實就是一種刻意誇張以達到幽默趣味的技巧。誇張是為強調事物的某種特徵而故意言過其實，讓聽者對所要表達的內容有一個更深刻的認識和了解。合理地運用誇張技巧，一是便於揭示事物的本質；二是能加強幽默的感染力；三是能啟發聽者的想像力。運用誇張，必須以現實生活為基礎，不能漫無邊際，做到言過其實而又合情合理，不似真實而又勝似真實。

一位青年才俊追求一個可愛的妹妹，到了談婚論嫁前夕，可愛妹妹突然撒嬌，要未來的老公保證婚後待她如婚前。都說「婚姻是愛情的墳墓」，熱戀中的女孩子來這一招也是正常的。才俊哥哥如何回應，山盟海誓當然可以，只是太老套落伍與陳舊。那些電視劇中聽得人的耳朵起繭不說，毫無創意的編劇總喜歡用山盟海誓的諾言讓許諾者來違背，以達到所謂的藝術效果。因此，現代的情侶們再玩這一招，容易引起對方沿著愛情肥皂劇的不利聯想。才俊哥哥畢竟有才能，第二天就交給未來的老婆一份列印文稿，上書五個大字 ——《疼老婆守則》，下帶條款若干，如下：

老婆用餐時要隨侍一旁，盛湯盛飯，不得有先行用飯之行為；
老婆化妝時要耐心等待，衷心讚美，不得有鬧心撇嘴之行為；
老婆洗澡時要量好水溫，抓癢擦背，不得有貪圖私欲之行為；
老婆危險時要奮不顧身，慷慨犧牲，不得有貪生怕死之行為；
老婆購物時要勇於付款，多多鼓勵，不得有不情不願之行為；
老婆下廚時要讚不絕口，多吃幾碗，不得有偏食挑飯之行為；
老婆睡覺時要炎夏扇風，寒冬暖被，不得有打鼾搶被之行為；
老婆生病時要煎湯熬藥，廢寢忘食，不得有漠不關心之行為；

老婆給錢時要含淚感激，省吃儉用，不得有奢侈浪費之行為；

老婆生日時要親自送花，豐盛備宴，不得有馬虎大意之行為；

老婆逛街時要不辭辛勞，提攜重物，不得有偷懶怕重之行為；

老婆訓誡時要雙手垂立，立正站好，不得有心不在焉之行為。

怎麼樣？這才俊哥哥夠誇張了吧？他能做得那麼到位？不光我不相信，只怕那個可愛妹妹也未必相信。但這個時候還談什麼相信不相信呢？誇張的藝術本來就不是讓你來相信表象的，而是透過誇張傳遞表象中的核心。就這個誇張的文本來說，只要傳遞了一份濃濃的愛，就行了。何況，它還傳遞了一份開心與浪漫。

誇張既然是在某些方面「言過其實」而又有真實性作為基礎，這就有利於突出事物的特殊性，可以喚起人們的聯想，收到突出主題的效果。如下面有點誇張的搞笑短信。

每個成功男人的背後，都有一個女人；每個不成功男人的背後，都有兩個。

再快樂的單身漢遲早也會結婚，幸福不是永久的嘛。

每個人都應該熱愛動物，尤其是熟熟了的。

要節約用水，盡量和女朋友一起洗澡。

要用心去愛你的鄰居，不過不要讓她的老公知道。

聰明人都是未婚的，結婚的人很難再聰明起來。

現在的夢想決定著你的將來，還是再睡一會吧。

應該有更好的方式開始新一天，而不是千篇一律地在每個早上都醒來。

努力工作不會導致死亡，不過我不會用自己去證明。

成功是一個相關名詞，他會給你帶來很多不相關的親戚。

不要等明天交不上差再找藉口，今天就要找好。

愛情就像照片，需要大量的暗房時間來培養。

後排座位上的小孩會生出意外，後排座位上的意外會生出小孩。

誇張雖然言過其實，但不等於浮誇，它必須以客觀事實為基礎，必須反映客觀事物的本質特徵，做到「誇而有節」、「飾而不誣」，才能造成強烈的震撼效果。文學家高爾基（Maxim Gorky）指出：「誇張是創作的基本原則。」透過這種手法能更鮮明地強調或揭示事物的實質，加強作品的藝術效果。

連鎖歸謬

利用連鎖反應是應用「一是百是，一非百非」的特點，推出荒唐的結論。我們通常用「連鎖反應」一詞來表示一事物發展過程中呈現出的嚴格因果關聯，其實在幽默的具體應用中往往也有相同的情況。然而簡單而一般的因果推理並不見得就有出其不意的幽默功能，為了將幽默的主題不斷推向高潮，強化幽默的效果，還必須將連鎖推理與歸謬法巧妙地結合起來，歸謬是就推理的結果而言的。在具體推理過程中用連鎖推理法，但在最後結論上卻得出謬誤的結果，這就是連鎖歸謬法的基本程式。

從理論上來看，連鎖歸謬術似乎神乎其神，叫人難以掌握，但在這種邏輯推理方法的具體運用中，相信即使原先對此聞所未聞的讀者也會對該技巧心領神會。

連鎖歸謬法與詭辯中的循環論證在本質上是有些相同的。

因為，論據的真實性不能依賴論題來證明，否則就要犯「循環論證」的邏輯錯誤。但是詭辯者在為其謬論辯解時，常常有意識地製造循環論證。

舉個例子來說明運用連鎖歸謬法的使用。有一天，有個地主在家裡喝酒，正喝得高興的時候，酒壺裡沒有酒了，他連忙喊來長工去給他打酒。

133

　　長工接過酒壺問：「酒錢呢？」地主很不高興地瞟了長工一眼說：「有錢能打酒算什麼本事？」

　　長工沒有再說什麼，拿著酒壺就走了。過了一會兒，長工端著酒壺回來了，地主暗自高興，接過來就往酒杯裡斟酒，可倒了半天也沒倒出半滴酒，原來酒壺還是空的。

　　地主沖著長工喊叫：「怎麼沒有酒？」這時長工不慌不忙地回答道：「壺裡有酒能倒出酒來算什麼本事？」

　　長工為了反駁地主「有錢能買酒來不算本事」的觀點，先假設地主的觀點是正確的，然後由此推出一個新的「有酒能倒出酒來不算本事」的觀點，給了地主的觀點以沉重的一擊。像這樣先假設對方的觀點是正確的，再由此推出荒謬的結論來反擊對方的方法就是連鎖歸謬法。

　　根據由對方的觀點推出新的論點時所採用的不同推論形式，連鎖歸謬法大致可分為以下兩種。

條件歸謬式

　　條件歸謬式是在由論敵的觀點推出新觀點的過程中使用條件推演方法。

　　東漢哲學家王充，曾和一些有迷信思想的人發生過一場論辯。有人說：「人死了，人的靈魂就變成了鬼，鬼的樣子和穿戴跟人活著的時候一模一樣。」

　　王充反駁道：「照你們這麼說，一個人死了他的靈魂能變成鬼，難道他穿的衣服也有靈魂，也能變成鬼了嗎？照你們的說法，衣服是沒有精神的，不會變成鬼，如果真的看見了鬼，那它該是赤身裸體，一絲不掛才對，怎麼還穿著衣服呢？並且，從古到今，不知幾千年了，死去的人比現

在活著的人不知多多少。如果人死了就變成鬼，就應該看到幾百萬、幾千萬的鬼，滿屋子、滿院子都是，連大街小巷都擠滿了鬼。可是，有幾個人見過鬼呢？那些見過的，也說只見過一兩個，他們的說法是自相矛盾的。」

於是有人辯解說：「哪有死了都變成鬼的？只有死時心裡有怨氣、精神沒散掉的，才能變成鬼，古書上不是記載過，春秋時候，吳王夫差把伍子胥放在鍋裡煮，又扔到江裡。伍子胥含冤而死，心裡有怨氣，變成了鬼，所以年年秋天掀起潮水，發洩他的憤怒，可厲害呐，怎麼能說沒有鬼呢？」

王充說：「伍子胥的仇人是吳王夫差。吳國早就滅亡了，吳王夫差也早就死了，伍子胥還跟誰作冤家，生誰的氣呢？伍子胥如果真的變成了鬼，有掀起人潮的力量，那麼他在人鍋裡的時候，為什麼不把掀起人潮的勁使出來，把那一鍋滾水潑在吳王夫差的身上呢？」

王充在這裡反駁論敵時就是使用了條件歸謬式。他先假設論敵的觀點是正確的，由此推出了一系列的荒謬結論，這就給了論敵當頭一棒，使他們張口結舌，啞口無言。

使用條件歸謬式時必須注意，在由被反駁的論點推出新的論點的過程中，必須遵守條件分離術或條件拒取術中的有關規則。如果違犯了有關規則，這種條件歸謬式就是錯誤的。

有一人家家裡有人去世，居喪期間，偶然吃了一餐紅米飯，有人對此發表議論：「家裡死了人是不能吃紅米飯的，因為紅色是喜色。」

這家主人反駁道：「難道吃白米飯的就是家裡死了人嗎？」

這家主人反駁對方使用的條件歸謬術的形式是錯誤的，因為他由對方的觀點推出新的觀點時使用的是由肯定後件到肯定前件的錯誤形式。

一些詭辯者往往喜歡用這種錯誤的條件歸謬式來刁難對方，我們可以透過指出詭辯者的這種錯誤來進行反擊。

類比歸謬式

　　類比歸謬式，是指在由被反駁的論點推出新的論點時，使用類比推理方法。

　　有這麼一個例子，小張淘米時，使勁用手搓洗米。老王看到後便勸他不必這樣淘洗米，因為這種洗法會損失米粒表皮的營養，何況現在的米都是工廠加工出來的。小張不聽勸，反倒說正因為是工廠加工出來才有可能被汙染。老王聽了後，便幽默地講：「工廠加工後有汙染，那麵粉也是工廠加工出來的，你怎麼不洗麵粉呀？」

　　老王反駁小張的謬論時用的是類比歸謬式，先假設對方的論點是正確的，並以此為前提運用類比推論方法推出「既然米要淘洗，那麵粉也應該淘洗」的結論，而這種結論顯然是荒謬的，這就有力地駁倒了對方。

　　我們應該特別注意的是，詭辯者常常利用類比歸謬式來為其錯誤辯護。他們的錯誤主要在於由被反駁的論點推出新的論點的過程中犯了機械類比的錯誤。我們在揭穿這種詭辯時，就必須將其機械類比的錯誤揭示出來，並且加上幽默的效果。

　　有一病人來到醫院，向醫生說：「我近來很不正常，吃什麼拉什麼，吃黃豆拉黃豆，吃西瓜拉西瓜。」接著就問醫生怎樣才能恢復正常，醫生沉默了一陣說：「你想要拉什麼樣的結果呢？」病人說：「當然是拉正常的屎。」醫生說：「這要看你吃什麼了。」病人說：「總不能說讓我吃屎吧？」……

　　這也是類比後的結果出現謬誤，但幸虧這是病人自己說出來的，否則他們非打起來不可。關鍵是病人自己先為自己設下了類比的「陷阱」，結果自己又跳了進去。

　　如果醫生幽默一點，也用類比歸謬的幽默解釋說：「放心吧，不會讓

你吃藥又拉藥的，否則我們醫生該怎麼活？」接著，說上幾句安慰話，病人會很高興的。

正話反說

正話反說相當於修辭格中的反語，是用相反的詞語表達本意，使反語和本意之間形成交叉。在幽默語言交叉技巧中，反語以語義的相互對立為前提，依靠具體語言環境的正反兩種語義的連繫，把相反的雙重意義以輔助性手段如語言符號和語調等襯托出來，使觀賞者由字面的含義悟及其反面的本意，從而發出會心的微笑。

反語是造成含蓄和耐人尋味的幽默意境的重要語言手段之一。簡言之，就是故意說反話，或正語反說，或反話正說。

實際上人們常愛說反話。如到朋友家參加聚會，你發現朋友的夫人越來越胖了，你如有幽默感的話，一定會說：「啊，你怎麼越來越有骨感了。」對方會責怪地笑起來。

但是，要注意的是，反語幽默一般都有一定的攻擊性。如果自己準備要幽默的對象沒心理準備，你的話又有針對性，就要十分注意分寸，主要是對方與你的關係是否經得住這種幽默。此外還得考慮場合和其他條件。有時同樣一句話在一種場合下可以講，在另一種場合下就不能講；對同樣一個人在他心平氣和時能講，在他心境很差時就不能講。

準確地掌握對方的心境和環境的性質，同時掌握自己說話的分寸，是有幽默感的人的重要修養，如果在這一點上粗心大意，那不但幽默不起來，反而可能冒犯了對方的自尊心，弄僵彼此間的關係。

所以，反語幽默在幽默對象面前，一定要考慮其複雜性。

舉一些正話反說的例子。

發呆這事，如果做得好，叫酷呆了。

木訥這事，如果做得好，叫深沉。

跑龍套這事，如果做得好，叫友情出演。

裝傻不吭聲，如果做得好，叫大智若愚。

前言不搭後語這事，如果做得好，叫跳躍思維。

腳踩兩隻船這種事，如果做得好，叫慎重選擇。

這就是反語幽默的魅力所在。它和邏輯學中的「歸謬法」有些相似，也有將語言中的某些意義故意引申至謬誤的方向。

反向求因

這種幽默感要求在推理過程中善於利用空隙，特別是往反面去有機可乘。我們把它叫做反向求因法。

朋友問道：「牠一定叫得很厲害，不讓生人走近吧！」

「當牠飛快地鑽進沙發下面去的時候，我就知道有人來了。」

這裡用的方法就是反向求因。

有人來了，狗叫，通常是因為機警勇敢的表現；主人在給朋友造成一種對常規因果關係的期待之後，突然往反面一轉，原因恰恰是狗的膽怯，非常規的因果與常規因果之間反差是如此之強，怪異之感油然而生。

有一次蕭伯納脊椎出了問題，需要從腳跟上截一塊骨頭來補脊椎的缺損。手術做完以後，醫生想多撈一點手術費，便說：「蕭伯納先生，這是我們從來沒有做過的新手術啊！」

蕭伯納笑道：「這好極了，請問你打算付我多少試驗費呢？」

同樣是新手術，醫生以其新而引申出難，意在多索取報酬，而蕭伯納卻把新引向了第一次試驗，反過來說自己的身體成了試驗品。

　　妙在同一核心概念向相反方向引申。引申方向相反，因果關係也相反。如果不善於抓住核心概念向相反方引申，也就不可能善於反向求因。

　　有一次，蕭伯納收到美國著名女舞蹈家鄧肯（Isadora Duncan）一封熱情洋溢的信。信中說，如果他倆結合，養個孩子，那對後代將是好事，「孩子有你那樣的腦袋和我這樣的身體，那將會多美妙啊！」

　　在回信中，蕭伯納表示受寵若驚，但他不能接受這樣的好意。他說：「那個孩子運氣可能不那麼好。如果他有我這樣的身體和你那樣的腦袋，那可就糟透了。」

　　蕭伯納用的方法仍然是向反面鑽空隙，把哪怕是極其微小的巧合的可能性當成立論的出發點，構成對方期待的落空。在這時，蕭伯納的幽默的特點是把自我調侃（長得不好看）和諷喻他人（腦袋不聰明）巧妙地結合在一起了。

　　這種反向求因的特點是：把一個極其微小的可能性當成現實，雖並不能最後取消對方提出的另一種更大的可能性。比這種類型的方法更具喜劇性的，是有一種完全否定了原來因果關係的幽默方法：

　　病人問醫生：「我能活到 90 歲嗎？」

　　醫生檢查了一下病人的身體後問道：「你今年多大啦？」

　　病人說：「40 歲。」

　　「你有什麼嗜好嗎？比如說，喜歡飲酒、吸菸、賭錢、女人或其他的嗜好？」

　　「我最恨吸菸、喝酒，更討厭女人。」

　　「天哪，那你活到 90 歲幹什麼？」

　　本來病人的期望是：戒絕菸酒女人能得到肯定的評價，其結果則不但相反，而且把這一切當成了生命的全部意義，否定了這一切，就否定了活

到 90 歲的價值，那就是這一切的價值並不是與長命的價值相等，而是高
出於長命的價值之上。

看來這一類的故事在西方很流行，另一個故事和它是這樣相像。

父親對兒子說：「假如你能克服一切壞習慣，我就給你一萬塊錢。」

兒子回答：「沒有了這些壞習慣，我拿了錢還有什麼用？」

這是互相排斥的價值判斷。在父親看來，改變惡習是目的，而用金錢
獎勵是手段；而兒子的想法是，金錢的價值是為了享受，如果改變了惡習
而不能享受，金錢就沒有意義了。由於互相排斥很徹底，故其幽默的戲劇
性很強。

當然，運用這種方法也並不一定達到這樣的強度，有時互相並不絕
對排斥，可以進入一種矛盾的調和狀態，這樣，幽默就帶著某種抒情意
味了。

比如，人們都知道炒股是為了賺錢，但是誰都不願承擔過大的風險，
於是有人幽默地勸導：「千萬別做股民啊，風險太大了，還是做豆腐最安
全！做硬了是豆腐乾，做稀了是豆花，做薄了是豆腐皮，做沒了是豆漿，
放臭了是臭豆腐！穩賺不虧呀！」

吊足胃口

吊足胃口其實就是設置懸念，在人們急於想知道結果的心態下，獲知
的結果卻與期望中不相符合，而更多的是出人意料，這種出人意料中就富
含幽默。

吊足胃口的幽默術，是幽默技巧中最常用的一種。這種幽默一般是先
把自己的思路引入對方思維的軌道，然後，來個急轉彎，把對方置入困惑
的境地，即讓對方「迷了你的道」，再用關鍵性話語一語道破，起到畫

龍點睛的作用。這就是相聲中所說的「抖包袱」，它的幽默效果能讓聽眾在出乎意料之後，捧腹大笑。

在日常生活中，你肯定會經常遇到這種情形，只要充分活絡起你的思維，就能讓你的聰明才智得到發揮，又能讓你的實際目的達到，這才是最重要的。幽默的最高境界即在於此。

某個相聲段子的內容是說，有一個大胖子，有皮膚病，在街上碰到一個賣祖傳祕方的高人，聲稱專治皮膚瘙癢，絕對有效。於是買了一包回去，打開紙包，裡面還有一個紙包，掀開裡面的紙包，發現又有一個紙包。如此這般打開了十多層，最後終於發現了一張紙條，上面寫了兩個字「撓撓」。

相聲內容一波三折，層層推進，一步一步把聽眾的思維推向迷惑不解的境地，在把聽眾的胃口吊得足夠「饞」時，才不慌不忙地抖出自己的包袱，亮明自己的真實態度。使用巧設懸念吊人胃口的幽默術，具有雷霆萬鈞的巨大力量。你想一想，要是相聲只是一條一條地闡述自己的觀點，而沒有預先造勢，能收到那麼好的說服效果嗎？肯定不能。預先的吊胃口、設懸念，其實就像將水用攔河壩攔起來，讓水位升高、升高、再升高，直至一個理想的位置，再由自己打開閘門，形成飛流直下三千尺的衝擊力。

最後編者想提醒讀者的是，在運用「吊足胃口」的幽默技巧時，必須要注意兩點。首先，不要故弄玄虛，讓人不著邊際。任何幽默都要求自然得體、順理成章。如果做得很明顯，就不但不能讓人產生幽默，反而會覺得無聊乃至反感。其次，要做好充分的鋪墊，最好能在聽眾的急切要求下再將「謎底」洩露出來，做到天衣無縫，不要急於求成，讓聽眾對結果產生錯誤的預料。最後，把結果越是平淡地說出來，越有幽默效果，這樣可以使聽眾有個緩衝時間來領略其中的趣味。

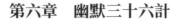

移花接木

移花接木是辯論中常用的手法，意即巧妙偷換概念以彼之道還施彼身，使自己脫離困境的同時陷對方以困境之中。在我們日常生活中，使用移花接木的說話技巧也常有意想不到的幽默效果。

一對夫婦結婚已經有十餘年了，每個月他們都要給雙方的父母寄生活費。這件事一直由妻子承辦。可是妻子卻每個月給自己的父母寄一萬元，給丈夫的父母寄五千元。丈夫一直憤怒在心，卻也不想因此而與妻子鬧得不愉快。

以前，丈夫每天下班，什麼事都不做，總要先抱抱小兒子，親撫半天。可這天回家後，他見到一歲半的兒子正在搖車裡哭，卻假裝什麼也沒看見，什麼也沒聽到。他一反常態地走到五歲女兒的身旁，把五歲的女兒抱了起來。

正在做飯的妻子扭頭看到了，急忙喊道：「兒子都哭成那樣了，你怎麼還不趕快去哄哄他？」

丈夫不緊不慢地說：「這五千元錢的孩子，還是你來抱吧？我要抱一萬元的。」

聰明的丈夫風趣而又不失原則地請妻子進入了自己所預設的易位「圈套」，沒有長篇累牘地發牢騷，卻弦外有音地暗示了事情的實質和自己的不滿情緒，從而巧妙地達到了抗議的目的。

妻子一聽，臉就紅了。後來妻子想想也是自己做得不對，以後每月也給丈夫的父母寄一萬元了。

運用移花接木的說話藝術，關鍵的往往只有一句話，但這一句話往往緊緊扣住了對方的言行，所以分量很重，使對方幾乎沒有反擊的餘地。

一個被指控酒後開車，並被判拘留一週的司機，在法官面前申訴說：

「我只是喝了些酒，並沒有像指控書中說的那樣喝醉了。」

法官聽後微微一笑，說：

「正因為這樣，我們才沒有判處你監禁七天，而只判拘留你一個星期。」

法官的解釋，既迴避了司機的無理糾纏，又讓司機理解「喝了些酒」開車與「喝醉了酒」開車的區別，就如「監禁七天」與「拘留一星期」中的「一」和「七」的區別一樣，只不過是說法不同而已。

再看這樣一個例子。

一位長官到連隊巡查，正趕上士兵們吃中飯。

「伙食怎麼樣？」長官問士兵們。

「報告長官，湯裡泥土太多。」一個多嘴的士兵回答。

「你們入伍是為了保衛國土，而不是挑剔伙食！」長官非常生氣地大聲斥責道，「難道這個道理都不懂？」

「懂，」士兵畢恭畢敬地立正，又斬釘截鐵地說：「但絕不是讓我們吃掉國土。」

士兵們的伙食很快得到了改善。

「泥土」與「國土」意義相差甚遠，但士兵卻能抓住「土」這一資訊，並將其延伸，與國家的形勢、國土的淪喪和軍人的職責密切地結合在了一起，既體現了這個軍人的幽默感，又巧妙地達到了改善伙食的目的。

另闢蹊徑

一個醉鬼闖入報社，氣勢洶洶地質問為什麼沒有發表他寫的文章，而且糾纏不休。所有的編輯都沒辦法說服這位醉鬼，於是叫來主編。主編進來，了解了事情的原委後，指著一堆舊報紙，對醉鬼說：「你看報紙裡還有空白位置發表你的文章嗎？」

「沒有。」醉鬼回答說。

「這就是為什麼沒有發表的原因。」

和醉鬼一是一、二是二的道理行不通，乾脆另外找一條途徑，直接把問題給解決了吧。至於理由充分與否，醉鬼要是有這個辨別能力的話，也就不會糾纏大家那麼久了。

另闢蹊徑和我們前面所談到的曲徑通幽法有異曲同工之妙用。生活中我們正面辦不了的事情，只能從側面去想辦法，側面如果再受阻的話，那就只能另闢蹊徑了。而若把它當做一種說話方式，就像半路殺出個程咬金，則會有出人意料的效果。

有一頑童，大年初一那天，一大早便出門找夥伴玩耍去了。玩了一段時間後，發現自己頭上一頂嶄新的帽子不知何時丟了。於是心驚膽戰地跑回家去，對他母親說了。要是在平時發生這情況的話，母親一定會大聲斥責他。可是今天是大年初一，不能罵孩子，儘管心裡很火，也得忍著。這時來他家串門的鄰居小王聽了笑著說：「帽子丟了，這沒關係，這不正好意味著『出頭』了嗎？今年你們家一定走好運，有好日子過了。」一句話，母親轉怒為喜。從此在鄰居間，小王的印象一下子提高了許多。

小王應邀參加一位朋友的婚禮，可天公不作美，小雨從早到晚一刻也未停過。等趕到朋友家時，衣服上濺滿了星星點點的泥水。當一對新人雙

雙向他敬酒時，朋友看到他滿身泥水，略帶歉意地說：

「冒雨前來，你辛苦了。這都怪我沒選好日子。」

小王趕忙接過話說：「自古道『久旱逢甘霖，他鄉遇故知，洞房花燭夜，金榜題名時』，這人生的四大喜事，讓你們小倆口一天就趕上了兩個，這才叫雙喜臨門呢！」一句話說得滿堂喝彩。小王意猶未盡，接道：「既然說到了雨，敝人有首打油詩，藉此機會贈與兩位新人。」說完接著吟道：「好雨知時節，當婚乃發生。隨風潛入夜，聽君親吻聲。」一首歪詩，逗得新娘面頰緋紅，引來滿座歡笑。小王一席話確立了他在人群中的說話形象和說話風格，使他成了一個到處受歡迎的人。

有一次座談會上，有幾位人士為鬼戲喊冤，認為神戲早已搬上銀幕，也已登臺亮相，唯有鬼戲既未上演也未登臺。大家正在憤憤不平之時，一位少年脫口點出其中緣由：「這叫做『神出鬼沒』。」此言一出，會場氣氛頓時增色不少。

在當今人際互動日益緊密頻繁的時代，語言起著越來越重要的作用，只要我們以雍容豁達的態度對待生活，就會發現：生活中處處充滿趣味和溫情，充滿歡樂和笑聲。

張冠李戴

我們在觀賞馬戲團的演出時，經常會覺得那些穿人類服裝的猩猩、猴子之類非常滑稽可笑，因為獸類本來不具有文明的特徵，把人類文明的東西強加於動物身上，自然給人以不協調感，所以容易為之發笑。這就是張冠李戴造成的喜劇效應。說話也是這個道理，故意用甲來代替乙，並使之在特定的環境中具有不協調性，且意味深長，便是幽默了。

例如：一個記者請某長官談談他保持身體健康的經驗。長官笑著回答：

第六章　幽默三十六計

「經驗只有一條，那就是保持進出口平衡。」一句話，讓在座的人都笑了。「進出口平衡」本是外貿行業裡的一個術語，卻被這位長官借代到飲食養生問題上來，其言外之意是不言而喻的，既說明了新陳代謝對身體的重要意義，又在不協調的借代中造成一種大與小的反差，聽之趣味無窮。這位長官選擇的「帽子」無疑是十分恰當的，因其恰當，才使人產生了豐富的聯想，在聯想中咀嚼出幽默的味道。

選擇恰當的「冠」，主要有兩個管道。一是從現成的行業術語、專業術語、政治術語中去選擇，像前面提到的「進出口平衡」等便屬此類，相對來講，這樣的選擇比較容易。二是在交際過程中選擇適當的詞語來完成換名，這種選擇和應用相對要難一些，但只要替代得好，更有現場效果和機智的幽默感。

張冠李戴幽默術的運用大致有以下兩種情況：第一種情況，對方有意挑釁，試圖讓你感到難堪。這種情況下，最有效的辦法是把「冠」直接給他「戴」回去，讓他「自食苦果」。由於預期與現實的差異性和戲劇性，幽默也隨之而生。

英國作家蕭伯納富有民主精神，同情窮苦人民，在自己的作品中不遺餘力地抨擊那些為富不仁的大亨、政客和貴族。因此英國所謂的上層人士對他是又恨又怕。一次，他到倫敦市郊的一條林前小路上散步，迎面碰上了一位大腹便便的富商。富商傲慢地說：「我從來不給驢子讓路。」蕭伯納微笑著說：「我則恰恰相反！」

這裡，富商以「驢子」暗指蕭伯納，蕭伯納卻故作不知，巧妙地藉同一主題迴避的一句話——「給驢子讓路」，將「驢子」的「桂冠」又原封不動地奉還給富商，令他哭笑不得。我們在佩服蕭伯納的機智之餘，肯定會報以會心的微笑。

第二種情況是雙方無意間發生衝突，或自己不小心觸犯別人而遭到責怪。這時候進行的回擊不能像第一種情況下那樣鋒芒畢露，咄咄逼人，而要盡量地縮小影響，轉移矛盾。使用張冠李戴時也盡量避免直接「戴」回對方，而是「戴」到一個與雙方都沒有關係的第三者身上。因為「戴」得巧妙，幽默味也就自然流露出來。

先順後逆

1894 年，英國著名劇作家蕭伯納的新作《武器與人》問世了。首次公演就獲得了巨大的成功，在雷鳴般的掌聲中，蕭伯納終場時應邀上臺和觀眾見面。不料，他剛走上講臺，就有一個人大唱反調，他歇斯底里地喊道：「蕭伯納，你的劇本糟透了，誰要看！收回去，停演！」

全體觀眾大為驚訝，也替蕭伯納捏一把汗。這種場面尷尬極了，觀眾們以為蕭伯納準會氣得七竅生煙。

可蕭伯納不但沒有生氣，反而滿面笑容地鞠了一躬，溫文爾雅，彬彬有禮地對臺下說：「是的，我的朋友，你說得好，我完全同意你的意見！」

話音剛落，蕭伯納緊接著說：「但是，很遺憾，我們兩個人反對這麼多觀眾有什麼用呢？我們能禁止這個劇本演出嗎？」全場頓時哄堂大笑，緊接著響起暴風雨般的掌聲。

先順承對方的意思，對對方所說的話加以肯定，然後急轉直下，說出相反或不同的觀念。蕭伯納面對自身形象被貶損的局面，穩住心態，隨機應變，挽回了身陷尷尬的局面。

這種幽默方式細細分析，可以分為以下幾種類型：

附加條件法

即先順承對方的意思，然後轉換一個口氣附加一個條件，這個條件往往是事實上不可能的或主觀上根本無法做到的。如以下幾則小幽默。

有一次，義大利音樂家帕格尼尼（Niccolo Paganini）為了趕到一家大劇院演出，急急忙忙跨上一輛馬車，他一邊催車夫快點，一邊向車夫問價。「先生，你要付我 10 法郎。」馬車夫知道他是大名鼎鼎的音樂家，便有意訛詐他。「你這是開玩笑吧？」帕格尼尼吃驚地問道。「我想不是。今天人們去聽你一根琴弦拉琴，你可是每人收 10 法郎啊！我這個價格不算多。」「那好吧，我付你 10 法郎，不過你得用一個輪子把我送到劇院。」

某馬戲團有一個重要的節目：馴獅表演。一個年輕漂亮的女馴獅員，手拿指揮棒，讓獅子做高難度的動作，演到高潮時，女郎口中含一塊糖，讓獅子用舌頭接過去。為了渲染氣氛，馬戲團的經理問觀眾：「哪位觀眾敢上來試一試？」臺下一片沉默，誰也不敢接招。突然有位男士應聲答道：「我敢。」觀眾一下子把目光聚集到他身上，停了片刻，他接著說：「不過，我要演獅子。」

在第一個例子中，音樂家帕格尼尼對於車夫的敲詐勒索沒有義憤填膺而斷然拒絕，而是先同意付款，然後提出了一個令車夫無法做到的條件：用「一」個輪子（就像自己的「一」根琴弦）把他送到劇院。這客觀上便起到了拒絕勒索的作用。在例子二中的馬戲團經理是要觀眾與獅子一同表演，但是由於在「試一試」的前面省略了「與獅子」三個字，這便給了那位男士以可乘之機，他先出人意料地作出肯定的回答，然後來一個轉折，從而開了一個令人忍俊不禁的玩笑：他要上去與那位女馴獅員接吻。

補充說明法

先肯定對方的說法或順承對方的意思加以回答，然後再補充說明，使之符合邏輯。

派翠克‧馬奧尼與好友蕭伯納夫婦談了許多問題，當他們談到各人的愛情糾葛時，馬奧尼問蕭伯納的夫人：「您是怎樣與您丈夫那些眾多的女性愛慕者和平共處的？」蕭伯納的夫人沒有直接回答，而是講了一則軼事。她說：「在我們結婚以後不久，有一位女演員拚命追求我丈夫，她威脅說『假如見不到他，她就要自殺，她就會心碎……』」

「那麼，她有沒有心碎而死？」

「確實如此，她死於心臟病。」蕭伯納打斷了談話插進來說，「不過那是 50 年以後的事了。」

上面的幽默中，蕭伯納先順承對方的意思作肯定的回答，然後再補充說明，使之符合事實，也使語言引人入勝。

藉口推脫法

即先答應對方的要求，然後又尋找藉口加以推脫。宋代的范正敏在《遁齋閑覽》中記載了這麼一個故事：

富貴權勢之家從新科進士中挑選女婿，是相當普遍的現象，其中也有內心雖不樂意而迫於權勢不得不應允者。一天，某權貴之家看中一名年輕進士，便派十名家丁去強行相邀。年輕進士沒有推辭，跟隨而來。到這家之後，立即引來不少人圍觀。一會兒，衣著華貴的主人出來，對進士說：「我膝下只有一女，相貌倒也不俗，願許配給郎君，不知意下如何？」進士先鞠躬，後答道：「我出身貧寒，能高攀貴人，深感榮幸。不過，這件事要等我回家與妻子商量之後才能答覆，你看如何？」眾人知其早已成

親，無不大笑，主人則滿面羞慚。

上面例子中的新科進士，對於權貴之家的冒失逼婚，不直接推辭，而是恭敬地應允，然後藉口說要與妻子商量，不僅表明了自己有妻室，而且還顯示出對妻子的尊重，大有「糟糠之妻不下堂」之勢。

俏皮風趣

在一般的生活中，很難有喜劇演員、相聲家、漫畫家等專門說笑話使人發笑的人。但是只要我們細心觀察身邊人的許多有趣言語、行為，我們就會有所覺察和發現。

一位先生對自己正在熱戀的妹妹說：「你已經長大了，是在談戀愛還是在玩火呢？」然後又很擔心地開玩笑說道：「我得給你介紹個消防隊員當男朋友。」

日本一家販賣優酪乳商店的廣告是這樣一句話：「本店販賣的優酪乳有初戀的味道」。沒有戀愛的少男少女想嘗嘗初戀的味道；正在戀愛的男女想品味初戀的味道；結過婚的男女想回顧一下初戀的味道；就連年過花甲的老人也想追憶初戀時光。因此，優酪乳店顧客盈門。

有一個人向諾貝爾文學獎金獲得者海明威（Ernest Miller Hemingway）求教：「你作品中的語言如此簡潔，有何祕訣？」海明威聽後，不動聲色地答道：「有時我餓著寫，肚子咕咕直叫；有時站著寫，只用一隻腳踮著地；有時在寒冬故意只穿一件單衣，邊寫邊抖，這些不愉快的感覺使我不得不盡量少寫些多餘的話。」海明威的這一席話俏皮風趣，不僅闡述了寫作的訣竅，而且使人終生難忘。

生活中的幽默真的是無處不在，俏皮風趣的幽默，只要你的口才佳、頭腦轉得快，信手就可以拈來。做個有心人，多留意一下自己周圍的生活

環境，你會發現生活色彩斑斕、千姿百態，到處都有幽默的舞臺。在生活中適當運用幽默，也會使你的說話風格增添異彩，令你的人際關係和諧融洽。

第七章

幽默在人際互動中的使用技巧與原則

第七章　幽默在人際互動中的使用技巧與原則

應該說，幽默是一種非常有效的社交工具，人們可以借助幽默充分表現出否定與肯定、贊成與反對、歡樂與苦惱，它能在解頤的同時不會輕易傷害到他人。但世界上沒有絕對「好」的東西，就像人類發明了鋒利的菜刀，本來是一件好事，但若不小心，也會傷到他人或自身。同理，在運用幽默的待人接物中，我們還是應該多長一個心眼，不要亂幽默、瞎幽默。

在本章，我們將日常交際中運用幽默的一些技巧與原則推薦給大家，至於如何運用得好，那全靠讀者自己去悟了。

幽默貴在自然

如果自己在表達幽默時有太多顧慮，那就難以揮灑自如，難以達到一種自然而然的狀態。古人稱閃電為「天笑」，可見，笑應該是一種自然之道。

大地震的時候，一個農夫睡在自己的床上，眼看自己家的房頂突然沒有了，這時候大雨傾盆，他的家人慌亂成一團，他對他的家人說：「別著急，沒有房頂的壞處就是被雨淋溼了，但好處是太陽可以直接晒乾我們的東西。」這個農民沒有受太多教育，但他在生死關頭處亂不驚，從容幽默，他的幽默感是天生的。這是一種得天獨厚的人。

幽默的另一種來源是靠後天的修養。培養幽默感非常不容易，它不僅需要文化、需要見識、需要腦子的靈活和雄辯的口才，還需要使用者自覺地向自然回歸。一個人只有讓自己的性格越坦然、越真實、越本性，他才越有可能獲得幽默感。我們經常在自己生活中發現一個平時並不幽默的人，在他喝醉了酒之後會表現出驚人的幽默，其中的原因就在於酒使一個複雜心態的表面變成了一個純粹的自然心態流露。

攔警車

一次吃飯，一個朋友喝得有些多，但看起來還算清醒，大家就沒理他。飯局散場的時候，這朋友忽然衝到馬路中央，伸手攔住了一輛正在巡邏的 110 警車，然後拉開車門，沖坐在裡面的員警大聲說：「我知道你們這車一公里一點一元（這裡的計程車定價是每公里 1.10 元），可你們也用不著寫這麼大給我看，以為我是近視眼呀……」

生意真好

去飯店吃飯，有個朋友中途去廁所，回來後很神祕地告訴我們：「這家酒店的生意太好了，連廁所裡都擺著兩桌！」大家正奇怪的時候，一群人衝了過來，揪起那朋友就要打。

我們當然擋住了，問他們：「他又沒惹你們，你們打他幹什麼？」

「打他幹什麼？我們吃飯吃得好好的，可這傢伙跑到我們包廂裡撒了尿就走。」

鈔票大放送

當年在報社時，某位同事，有個傳奇的愛好，一喝多了就喜歡給人發錢，一人一百，讓人搭車回家。誰不要他就跟誰急，恨不得打人家一頓。

可一到第二天，他就非常委屈的一個一個跑到人家面前，擺出一副可憐樣：「大哥，把昨天給你的錢還給我吧……」最搞笑的是，同樣的給人發錢的事，一個月內居然在他身上發生了三次。

扔手錶

我老爸，酒醉後總愛和人打賭，有一次他深夜不回，我們去各酒館找他。找到他時，他正在大街上嚷嚷著要和另一個人比手錶的優劣，最後，

他老人家把手腕上的手錶脫下，往街對面一扔，然後快步走過去撿起來興奮地大叫：「你看，我的手錶還在走，你也來試試！」

四海為家

　　我家門前有個花壇，有天清晨出門，發現花壇裡睡著一位先生，渾身上下只有一條小褲子。而他的襯衣、褲子、領帶，都疊得整整齊齊地放在旁邊，上面壓著他的手機，居然是關了機的。還有皮鞋，也是整整齊齊地擺著，襪子放在鞋洞裡……看來這先生是把這裡當家了。後來一想，幸虧這先生沒有裸睡的愛好，不然，更有熱鬧可看了。

遇上劫匪

　　跟一幫人喝完了酒，約了去某某家。走著走著，一個人就走丟不見了，另一個就去找他。大家先到某某家，坐下，過了一會兒走丟的那個人來了，很神氣地給大家說他碰上劫匪了，讓他連打帶嚇用磚頭把那劫匪給砸跑了。話剛說完，去找他的那個人也到了，氣急敗壞地說走丟的那人的用磚頭砸他，砸得他抱頭鼠竄。

我又來了

　　一次，幾個朋友約在一某某酒店喝酒，其中的一位喝多了之後，硬是要趕到另一家酒店去會另一批酒友，大家攔他不下，只得放他去了。可沒過多久，他又一臉燦爛地突然出現在我們面前，一邊連聲抱歉：「對不起，對不起，我剛剛喝了一頓，來晚了。」說著，一屁股坐了下來，沖著服務生喊道：「來啊，上菜！」後來我們才知道，他離開我們之後，很俐落地鑽進計程車上，沖著司機大聲說：「去某某酒店！」結果，司機帶他在街上繞了一圈，又把他送了回來。等他再次來到我們面前時，他已經辦

認不出誰是誰來，結果還好一陣抱歉！

又哭又笑

前年的冬天，認識了一個女孩。氣質好得不行。我們倆幾乎每天都黏在一起。晚上不是去酒吧就是去舞廳。有一天晚上，我們喝得醉醺醺地回了家。她回家之後就開始鬧。哭啊，哭得非常屬害。她自己一個人躲在廁所裡哭。我把門踹開把她拉出來，她又鑽到大衣櫥裡去了，接著哭。好不容易把她弄到床上，她又抱著我哭。這還不算完，看到手邊的手機，砰的一下，狠狠地往牆壁上砸去。我就那麼眼睜睜地看著那漂亮的折疊式手機分成兩半。第二天，她睡醒過來。撐著腦袋看著地上斷成兩截的手機，氣呼呼地跑下樓拎了個磚頭上來。我莫名其妙地看著她。只見這位小姐拿起磚頭狠狠地砸向手機，將外殼砸開後，她取出裡面的零件，笑眯眯地看著我說：「呵呵，這些零件值 300 塊呢，把它賣了再湊錢買個手機！」

太可惜了

合作單位來請我們同事喝酒，請客的地點是一家挺高檔的酒樓，鮑魚燕窩什麼的，點了一大堆。席間大家頻頻舉杯，輪番混戰，也不知道喝了多少瓶紅酒，只記得走的時候，我的一個同事在酒店樓下嘔吐不止，一邊吐一邊惋惜地叫著：「我的鮑魚呀，我的魚翅呀，真可惜呀！」

情意綿綿

有一個平時正派又文雅的男士喝多了，去一棵小樹旁方便，完事了抽身要走，卻感覺有人扯住了他，他回頭推辭，「不，不，太晚了，我該回去了，妹妹再見。」無奈就是走不開。等他的人看他一個人忙活，等得不耐煩了，也過來跟他一起勸解，「小姐，你鬆手吧，我們以後再來，機會

有的是呢。」來來回回推辭一個多小時之後，他們才發現，他其實是把腰帶連人帶樹捆在一起了，還跟樹好一陣情意綿綿⋯⋯

認錯了

　　我哥哥得了年終發獎金，他和幾個要好的同事一起上餐廳慶祝了一通。酒足飯飽之後，哥哥出來用車鑰匙開自行車，卻無論如何都打不開。哥哥心想，可能是因為自己喝多了，手發抖的緣故吧！反正今天發了挺多錢，乾脆搭計程車回家好了。於是他把那輛自行車放到計程車的後車箱裡，乘計程車回到了家。第二天醒酒後，哥哥來到樓下一看，壞了！他還得搭車再把自行車給還回去。原來，昨晚上被他帶回家的是同事小李的自行車！

到家了

　　我的一個鄰居，喜歡喝酒，常醉。有一次，他喝醉之後上了計程車，司機緩緩開著車等他說去哪裡。可等了半天也沒動靜，回頭一看，他正脫衣服呢。司機嚇一跳，連忙問：「先生，你這是幹什麼！」他說：「到家了，我要脫衣服睡覺！」司機趕緊告訴他：「這是我的車，不是你的家。」他呆呆想了一會兒，大聲喊：「快，快回到我上車的地方去！」司機問為什麼，他說：「我剛才以為到家了，把鞋脫在門口了！」

幽默貴在簡潔

　　林語堂先生幽默地說，紳士的演講，應像小姐的裙子，越短越好。運用幽默也是如此，越短越好。幽默若過長，可能不利於聽眾的理解。所以，運用幽默的時候，應當遵循 KISS 原則，即 keep it super simply 簡單易懂，否則會適得其反。

話說當年日本企業在美國的投資日益增加，甚至有許多企業直接在美國設廠，並僱用當地的人員。這固然是一項雙方互惠的措施，但由於語言不通，當日本老闆蒞臨視察時，總會有些不便發生。

在一家日資的美國公司裡，日方董事長跨海越洋遠道而來，主管召集全體員工集合於會議廳中，恭請董事長演講。

日方的董事長不會說英語，只得由翻譯逐句譯成英文。董事長在演講中穿插了許多笑話，但由於雙方文化的差異，並未博得預期的笑聲。唯獨有一個小故事，董事長用日文講了十來分鐘，而翻譯人員只用了幾句便翻譯了出來，並且讓臺下眾人大笑不已。董事長對此印象極為深刻。

演講結束後，日方董事長興致勃勃地詢問翻譯人員：「貴國的詞彙真是豐富，我講那個笑話用了十多分鐘，而你竟能用幾句話就將它翻譯出來，而且效果那麼好，真是不簡單。」

美方翻譯人員謙虛地說：「其實也沒什麼，我只是告訴他們：『老頭子剛剛講了一個又長又不好笑的爛笑話，為了捧場，請你們大笑。』」

高度的幽默感來自輕鬆自在的心靈，並能博覽群書，自行融會貫通，獲得其中奧祕。清代畫家鄭板橋有詩云：「削繁去冗留清瘦。」當今語言大師們則認為：「言不在多，達意則靈。」可見，用最少的字句，包含盡量多的內容，是當眾說話水準的最高境界。滔滔不絕，出口成章，是一種「水準」，而善於概括，詞約旨豐，一語中的，同樣是一種「水準」，而且是更為難得的高級境界。要做到簡潔明快，首先要做到長話短說。所謂長話短說，即是以簡馭繁。老舍說：「簡練就是話說得少，而意思包含得多。」話少而意思也少就算不得簡潔。

要講話簡潔就應該做到說話的內容中肯實在，運用幽默也如此，不在乎長短但關鍵要中肯實在，字字珠璣，說到聽眾的心坎裡去。群眾最喜歡

的是有什麼說什麼，直來直去。對於那些空話套話，他們不但不願聽，甚至覺得是受精神折磨，是浪費時間。

有人曾問美國著名作家馬克吐溫，演講詞是長篇大論好，還是短小精悍好，他沒有直接回答，而是講了一個故事：

有個禮拜天，我到禮拜堂去，適逢一位傳教士在那裡用令人哀憐的語言講述非洲傳教士苦難的生活。當他說了 5 分鐘後，我馬上決定對這件有意義的事情捐助 50 元；當他接著講了 10 分鐘後，我就決定把捐助的數目減至 25 元；當他繼續滔滔不絕地講了半小時後，我又在心裡減到 5 元；最後，當他講了一個小時，拿起缽向聽眾哀求捐助並從我面前走過的時候，我反而從缽裡偷走了 2 元。

這個幽默故事告訴我們，說話還是短一點、實在一點好。長篇大論、泛泛而談容易引起聽眾的反感，效果反而不好。

講短話是一種水準，是一種能力，也是一種技巧，這比講長話要難，更需要在實踐中鍛鍊和提高，對於幽默的表達也是如此。

必須要提醒你的是，良好的幽默表達是將繁複的觀念以簡單易懂的方式表現出來，而不是將簡單明瞭的觀念，表現得高深莫測，甚至打起禪機來。

幽默應該是通俗的

如何讓幽默說出來讓人會心一笑，意味猶長？在古今中外的語言實踐中，幽默應用技巧可謂是英華璀璨，博大精深，在此只能舉其犖犖大者，以供讀者欣賞，希望從中可使您找到幽默的靈感與技巧。

幽默的通俗性，說得簡單一些，就是指說出的話不但要生動、巧妙，而且還要明白、易懂，使人們樂於接受也就是表達要大眾化。它包括兩個

方面的意義：一是用語通俗，一聽就懂；二是意義通俗，深入淺出。違背這兩點，不僅會讓人覺得不知所云，甚至還會造成各種誤解。

多使用人們口頭中常用的大眾化語言，也可以使表述更為通俗易懂，增加語言的特殊表現力。因為大眾語言來自於人民大眾，是人民群眾樂於接受的，因而才能流行。在說話中巧妙地運用這個原則，就能夠增強幽默的感染力。

比如，俗語是通俗而廣泛流行的定型語句，簡練形象，恰當地引用俗語，可以增強說話或演講中的幽默感和說服力。

又比如，諺語是人們在長期的生活中精煉出來的語彙，經歷了千百年長期傳誦，千錘百鍊，凝結著勞動人民豐富的思想感情和智慧。諺語具有寓意深長、語言精鍊、朗朗上口、便於記憶的特點。將諺語巧妙地用於幽默表達，可以起到畫龍點睛的作用。

另外，諺語也能被「惡搞」，比如下面這些，雖然內容有正有反，但它們至少有一點是共同的，那就是「通俗」的。

一見鍾情，再而衰，三而竭。

騎白馬的不一定是王子，他可能是唐僧；帶翅膀的也不一定是天使，媽媽說，那是鳥人。

穿別人的鞋，走自己的路，讓他們找去吧！

水能載舟，亦能煮粥！

我不是隨便的人，隨便起來不是人。

樹不要皮，必死無疑；人不要臉，天下無敵。

生，容易。活，容易。生活不容易。

我和超人的唯一區別是：我把內褲穿在裡面了。

我身在江湖，江湖卻沒有關於我的傳說……

寧願相信世間有鬼，也不相信男人那張嘴！

一山不容二虎，除非一公一母。

巧克力的麻煩是：你把它吃了，它就沒了。

千萬別等到人人都說你醜時才發現自己真的醜。

肚子大不可怕，可怕的是大而無料。

無所為而無所謂，無所謂而無所不為。

人生的成功不在於拿到一副好牌，而是怎樣將壞牌打好。

出生時你哭著，所有人都笑著；離去時你笑著，所有人都哭著。

內行看門道，外行看人行道。

黑夜給了我一雙黑色的眼睛，可我卻用它來翻白眼。

天使之所以會飛，是因為她們把自己看得很輕……

這個世界上我只相信兩個人，一個是我，另一個不是你。

你不能讓所有人滿意，因為不是所有的人都是人！

開車無難事，只怕有新人！

出問題先從自己身上找原因，別一便祕就怪地球沒引力。

路漫漫其修遠兮，吾將上下而求人。

歇後語也是為大眾所喜聞樂見的語言形式，在群眾中廣為流傳。歇後語一般由前後兩截組成，前半截是形象的比喻，像謎面，後半截解說，像謎底。在幽默中恰當運用歇後語，可以增強幽默的趣味性，增加幽默的表現力，使我們講話更生動有趣，更容易為大眾所接受。

幽默要恰到好處

現實生活中，與他人互動，恰到好處的原則很重要，下面我們就從幾個方面來簡要談一下幽默要掌握的度。

對話是人際互動的基礎，有對話才能有交流溝通，有溝通才能產生情感。一次成功的交談應像一場接力賽，每個人都是集體接力的一員，既要

接好棒，也要交好棒，棒在自己手上時，要盡心盡力跑好；棒在他人手上時，不妨為之加油，為之喝彩。如果把對話變成一個人的獨白，缺乏必要的互動，儘管你講得眉飛色舞，口乾舌燥，也沒有人會為你鼓掌喝彩，所以能說善侃者切忌扮演「一言堂主」的角色，幽默一定要有與聽眾的互動。

在交談中，由於各人的閱歷不同，對事物的認識也不盡一致，出現觀點的分歧、碰撞、交鋒不可避免，這本是很正常的現象。如果一聽到對方提出不同的意見，就急迫地插話或打斷他人的話，欲把自己的觀點強加於人，這樣必然給人留下狹隘偏激的印象。明智的做法應該是大度寬恕，不要盲目排斥，人家觀點與你不一致，你可以用幽默的語言去說服，或是被說服，甚至可以妥協，還可以求同存異。不僅要學會使用幽默，還要學會欣賞別人的幽默，才能使我們長智慧又得人心。

在交談過程中，每個人都有表現慾，同時也有被發現、被承認、被讚賞的內在心理需求。如果只熱衷於表現自己的幽默，而輕視他人的幽默表現，對自己的一切津津樂道，而對他人的一切不屑一顧，就勢必會給人造成自吹自擂、自我陶醉的不幽默印象。

所以，我們應該注意到恰到好處對幽默有很大的影響。如果是「一言堂」，就會被人稱為「話匣子」，甚至會妨礙與他人的繼續互動。

此外，古人講：「山不在高，有仙則名；水不在深，有龍則靈。」幽默也是如此，話不在多，點到就行。在生活節奏緊張快速的現代社會中，沒有人願意花費大量的時間去聽你的長篇大論，這就要求你在談話時要做到言簡意賅，一針見血。

下面我們用幾則小笑話來說明一下。他們之所以讓人感到幽默可笑，就因為結果是恰到好處說明了一種「現象」。

一罪犯越獄,被抓了回來。員警:「說!你為什麼要逃跑?」罪犯:「這裡的伙食太差了!」員警:「你是用什麼把圍牆上的鐵條弄斷的?」罪犯:「中午的饅頭。」

醫生問他是怎麼骨折的,他說:「我覺得鞋裡有沙子,就扶著電線杆抖鞋,我抖啊抖……有個路人經過這裡以為我觸電了,便拿起木棒給了我兩棒子。」

一位女士到醫院的整形外科做了除皺和雙下巴的手術。手術結束後,醫生問她:「您還有什麼其他要求嗎?」「你們有什麼方法能讓我的眼睛變得更大一點,更有神一點嗎?」「哦,有的,您只需看看您的帳單就可以了。」

有一病人狂叫:「我是院長,你們都得聽我的!」主治醫生問他:「誰說的?」他回答:「上帝說的。」這時旁邊一個病人突然跳出來,說:「我沒說過!」

有隻老虎被蛇咬了,一直追蛇到蛇洞,老虎一直等,等了好久出來個蚯蚓,老虎一把按住,生氣地問道:「你爹呢?」

幽默貴在含蓄

社會生活紛繁複雜,人們總會遇到一些不便直言的事情或場合,這就要求我們要掌握委婉含蓄的說話技巧。含蓄就是在交談或辯論中,不把本意直接說出來,而是採取曲折隱晦的方式表示本意,帶有啞謎特色的一種幽默方法。

在日常交際中,人們總會遇到一些不便說、不忍說,或者是由於語言環境的限制而不能直說的話,因此不得不「遁辭以隱意,譎譬以指事」(劉勰《文心雕龍·諧隱》),故意說些與本意相關或相似的事物,來烘

托本來要直說的意思，使本來也許十分困難的互動，變得順利起來。

當出現不便明說的情形時你可以試用委婉含蓄的方法表達自己的意見，往往會收到意想不到的後果。

當你要表達難以啟齒的事物、行為或要求時，含蓄的方法不僅可幫你解圍，也表現得很幽默。

有一個剛上一年級的小學生說：「老師，我想拉屎！」老師：「說話要文雅！」小學生沉默了一會兒說：「老師，我的屁股想吐！」

這段幽默的小笑話，可能是想表達講不文雅的話時應該講得一含蓄些，但實際上要求一個小學生講話講得含蓄一些是很困難的。同樣道理，幽默要想運用的含蓄一些，那可不是一件容易的事。我們看一下下面的例子便會發現，這種含蓄的幽默不是很容易就能做出來的，需有一個合適的環境。

您想擁有一副好的牙齒嗎？這裡送給您三點經驗：一、飯後漱口早晚刷牙；二、每兩年去醫院檢查一次牙齒；三、少管閒事。

別罵自己的孩子是小兔崽子，因為從遺傳學的角度來講，這對家長是不利的。

在公家機關服務的叫做「鐵飯碗」，在私人公司工作的稱為「免洗餐具」。

有一個記者採訪一個精神病院的院長，問：「你們用什麼方法來確定患者是否完全康復呢？」院長說：「我們給他做一個測試，我們在一個浴缸盛滿水，旁邊放一個湯勺和一個大碗讓他們把缸裡的水排出去」記者不以為然說：「那當然是用大碗快了！」院長看了他一眼，慢慢地說：「正常的人是拔掉塞子的……」

對有些棘手的問題不便明言，但大家都能明白時，為照顧對方面子，

維護自己的尊嚴，幽默時可含而不露，讓聽眾去自己體會。如當你發現長官或長輩確實犯了錯誤，又不便直接指出時，就可以借助含蓄語言起到勸導作用。

當你不願、不必或不需對一些錯誤言行進行直言批評時，運用含蓄的語言進行委婉、間接的批評，既可以給被批評者留面子，又能一語點通。永遠要記住如果你不採用含蓄的語言進行委婉、間接的批評，而是嚴詞厲句地批評別人，也許你早就忘記了。可是，被你傷害的那個人卻永遠不會忘記。

人很看重「面子」問題，在同事、朋友間相互批評時也要注意這一點。生活中有不少人不是這樣，常常無情地剝掉別人的面子，傷害了別人的自尊心，卻又自以為是。其實，只要冷靜地思考一下，對那些性格內向、愛面子或工作中偶有疏忽和性格敏感多疑的人，只需含蓄地表示一下這種批評意思，就能達到理想的目的。

當你不能肯定自己的某些要求願望是否合理，別人是否支持，或為顧及風度不便直言提出時，借助含蓄的幽默可以幫助你維護自尊，避免尷尬，取得成功。

但含蓄的幽默不是似是而非，故作高深，含蓄的目的是讓對方聽出「言下之意」、「弦外之音」，達到原本的目的。如果將含蓄理解為閃爍其詞、躲躲閃閃，那就與含蓄的幽默背道而馳了。特別是在鼓舞鬥志、交流思想的幽默中，言辭還是坦白直接點為好，此時太含蓄會讓人覺得你太賣弄、做作，反而聽不懂你講話的目的何在。而對於在新聞發布、辯論等場合使用的幽默不妨含蓄一點，多用「弦外之音」。

幽默要適合自己的身分

　　任何人在運用幽默時，都是以自己的主觀意識表達思想，傳遞資訊。要想在彼此交流的情況下，使幽默達到理想的效果，除了要有客觀意識外，還要有自我身分意識。也就是說，說話要得體，幽默形式的選擇要符合自己的身分，只說自己該說的話。如以下級的身分向上級彙報工作，當持敬重的態度，需要注意措辭的嚴肅性和應有的禮節性，而此時使用幽默，很容易「走火」。與同輩親友交談，則以親切、自然為宜，不宜過於「一本正經」，否則便有疏遠之感，此時不使用幽默，反讓人感到呆板，做人「死板」幽默運用不得體，不注意身分，聽的人總感到不是滋味，甚至容易引起反感，這肯定達不到幽默的目的，甚至事與願違。

　　其次，幽默時要注意自己的多重身分，針對不同環境，選擇相應的表達方式，使表達與自身思想情感相符合。

　　常言說「言為心聲」，魯迅先生也說：「從噴泉裡出來的都是水，從血管裡出來的都是血。」一個人用什麼身分說話，很容易反映他的思想境界，處世的方式，待人接物的態度。如何掌握好交談雙方特定的關係而作語言的修飾調整，以更好地傳情達意，這正是提高說話水準要研究的課題。

　　話雖是說給聽眾聽的，但話說得好不好，能否為聽眾所接受，還要看發言人是否恰到好處地表達了自己的思想感情，而一個人的思想性格是在長期的社會實踐中形成的，並且這個人的心情則是和他的思想、處境分不開的。這種不同處境下的不同心境，同樣會在日常的表達中自然流露，顯示出說話者的本色身分。

　　所以，幽默時要選擇與當時的處境和受眾心情相協調的說話形式加以運用。例如某高中一位姓嚴的國文老師，學識淵博，治學嚴謹，教學時嚴

格訓練、嚴格要求。一日，當他走進課堂，見黑板上赫然寫著「嚴可畏」三字。該老師不慍不怒，只見他停下來，對學生朗聲說道：「真正可畏的是你們！」學生們一時不知所措。嚴老師接著說：「不是嗎？後生可畏嘛！為了讓你們這些後生真的可畏，超過我們這些老朽，我這嚴老師怎可名不副實呀！」（掌聲笑聲）由「嚴可畏」三字，嚴老師準確地捕捉到學生們因嚴格訓練、嚴格要求而產生的「積怨」與「不滿」，先是冷靜地予以寬恕，進而曲解「可畏」二字，並且一語雙關，含蓄幽默地表達出必須「嚴」的道理，以及要繼續「嚴」下去的決心，既寬恕有度，又嚴格適中，其說話形式的選擇與處境、心情表達之得體，令人擊節讚嘆，真是「言為心聲，語如其人」。

幽默要符合社會背景

　　幽默是一種社會現象，它存在於社會之中，服務於社會活動，人們必須在一定的社會文化中使用它；反過來社會文化歷史等因素又滲透在幽默之中，制約著幽默的運用。社會文化背景情境，指社會場合，包括時間、地點、場合、氣氛、事件背景、人事關係等。文化環境，則是指一個民族在自己的歷史發展中形成的獨特的風格與傳統。

　　還有一些雖然不屬於大的社會環境，諸如地點、實物，但它們一旦附屬於某種外界力量所能施加影響的範圍時，它就會形成社會環境。例如，因為各地語言的環境不同，總會造成一些誤會。這種誤會中形成的幽默有其一定的社會背景，而抓住這種社會背景製造出的幽默，往往是能讓人們從心理上給予認同，達到非常顯效的結果。

　　小地點形成社會大環境，有時地點的改變也可形成不同的小環境，從而有利於解決不同的問題，此時運用有針對性的幽默效果就十分顯著。

比如，有些領導者發現問題，往往請下屬到自己的辦公室談話。辦公室是上級辦公的地方，下屬來到這裡，很容易聯想到上下級關係，於是便產生了一種「必須服從」的心態。這樣，本來是對等的談話，因為地點這一特殊社會環境的參與，就產生有利於一方的小環境，使對等的雙方，變成主動與被動的兩方。主動一方便有一種「居高臨下」的氣勢（當然這只是一種心理差異，絕不是「以勢壓人」）。所以，上級的辦公室實際上成了一個有利於上級使用幽默的小社會環境。反之，如果為了加強聯絡，增進信任和友誼，領導者則應走出「領導效應區」，到非效應區去展現幽默，更便於放開話題，無拘無束。這類非語言因素，有時正像看不見的磁場，有著極其強大的特殊效應。

可見利用合適的社會背景運用幽默，可明顯提高說話效果，這就要求我們要有敏銳的思維和具有穿透力的眼光，去洞悉社會大背景，並善於利用眼前的實物、身處的地點營造有利於自己幽默的環境。

幽默要講究時機、場合和對象

人際互動的失敗有時會與濫用幽默有關。濫用幽默不光使自己陷入尷尬和困境，而且會導致別人輕視你，使你喪失人格價值。在眾人的目光中，喋喋不休者彷彿小丑一樣可笑，故作幽默者更有過之而無不及。因此，我們在運用幽默時，千萬要注意講究時機、場合和對象。

要講究時機

英格蘭人常說，儘管幽默力量很重要，但它並不是生命的全部。當時機恰當的時候，你就去用它。

西方 4 月 1 日的愚人節，是個捉弄人的節日。這一天，如果一個足不

出戶的男生突然接到女生約會的電話；一個人突然接到不是父母的父母來信；一個人到澡堂洗澡，衣服卻不翼而飛；一個學生去上課，教室裡卻空無一人。誰都想在這無所顧忌的節日裡高高興興地捉弄別人，而被捉弄的人發覺上當後也為實實在在地被人捉弄而高興。

　　如果上述事情不是發生在愚人節，而是發生在其他的時候，可能不但收不到幽默的效果，還會使他們覺得無聊，甚至引起他人的反感。可見，幽默不是隨時都可以拋灑的，隨著文明的進步，生活經驗的累積，人們越來越清楚地意識到：幽默要講究時機。

要講究場合

　　如果你僅僅把講究時機作為幽默語言的準則，那就太狹隘了，因為要想成功地使用幽默，在講究時機的同時還應當注意大環境。毫無疑問，講究在不同場合運用不同的幽默形式，才能把幽默運用得更加恰如其分。

　　比如在發生重大事件的嚴肅場合，或者在葬禮上，不合時宜的幽默話語肯定會引起別人的誤解甚至怨恨。比如朋友正為失去親人而傷心，你對在靈前落淚的朋友說：「去世的那位先生一定是一個個性強硬的人，你看，他現在從頭到腳都是僵硬的。」這番幽默幾乎可以肯定會受到痛斥。

　　在莊重的社交活動中，任何戲謔的話語都可能招來非議。在莊重場合，如果你幽默起來沒邊沒際，太過誇張，甚至為追求效果而手舞足蹈、脫離自己的平常個性，也會讓人反感，人家會覺得你虛偽浮躁，不夠穩重。這樣做的後果會嚴重影響你的個人形象。

要注意對象

　　根據受眾的個性、好惡和心情施展幽默是成功的竅門。的確，俗話說「一樣米養百樣人」，社會每個成員的性格、心理、教養都不盡相同，興

趣更為千差萬別，假如你對幽默參與者的個性不夠了解，那麼你苦心經營的幽默必會報廢不少。

因此，在社會交際中，要視對象的不同，注意掌握分寸，才能收到好的效果。比如一些關於盲人的幽默，對於真正的盲人就不適宜了。在社交生活中，我們應根據具體的環境、對象和氛圍，採用適當的形式來表達出恰當的幽默。

所謂顧及受眾，當然不是一種姿態，一種態度，而是幽默作為交際的藝術天經地義必須具備的前提條件。因為，幽默的集體性和共娛性特徵是十分明顯的。又由於集體是由個體構成的，因此能夠娛樂甲的一句話，可能在乙聽來是一種侮辱。如果你忽視了這一點，一味地強調自我的興致和偏愛，絲毫不放棄個人的思路，那麼，你的幽默將黯然無光。

有關種族的幽默是最微妙、最難處理的。當你和一群人都是流著共同祖先的血液時，說說種族的幽默可能會減輕每個人心頭的負擔；但當一群人分別來自不同的種族時，使用涉及種族的幽默則會有很大的危險性。

注意對象，了解對象，才容易找到合適的幽默話題；適應對方的心理需求，才能真正達到溝通的目的。

此外，真正的幽默是能夠互動的，是要願意接受他人的回饋資訊而做出的幽默。當他人幽默地發表意見時，你當然有義務報以微笑 —— 而不是以冷言冷語來潑他一頭冷水。因為，幽默並非某一個人的特權，它是整個社會的財富。笑具有傳染性，為他人捧場，你的合作態度才會得到由衷的感謝，只要氣氛活躍了，該你施展幽默時，也才會一路綠燈。

運用幽默的小忌諱

誰都知道，適當的幽默能夠促進人際關係的和諧，但是如果運用不當，則會適得其反，破壞人際關係的平衡，加劇矛盾，造成衝突。

比如，幽默的忌諱之一就是：無事生非地故作幽默。

一家飯店裡，一位顧客怒氣衝衝地對服務生說：「怎麼回事？這隻雞的兩條腿怎麼不一樣長？」服務生以為自己很幽默地說：「你又不是和牠跳舞，你是要吃牠……」顧客更加生氣了，一場本來可以避免的爭吵開始了。

一位顧客在裁縫店做了一件襯衫，有點問題，她找到裁縫說：「妳給我做的襯衫，領子太小，袖子也太長……」沒等顧客說完，裁縫就說：「這沒關係呀，領子穿穿就大了，袖子洗洗就短了。」顧客哭笑不得，和她吵了一架。

一位外地人來到一個大城市，想找一家郵局。問一個過路的年輕男子：「請問，哪裡有郵局？」男子本想幽默一下，說：「哪裡都有。」外地人生氣了：「我是問你怎麼走？」男子還為自己的幽默得意：「用腳走！」外地人也是個火爆脾氣，認為男子欺負外地人，就和他打起架來了。

因此，幽默需要謹慎，得體的幽默可以使人際關係和諧融洽，而一句不合時宜的幽默會惡化人際關係，也可能導致人際互動的失敗。所以說，幽默也要有忌諱。

幽默的忌諱大致有以下一些。

· 當敘述某件趣事的時候，不要急於顯示結果，應當沉住氣，要以獨具特色的語氣和帶有戲劇性的情節去顯示幽默的力量。在最關鍵的一句話說出之前，應當給聽眾造成一種懸念，也就是說相聲時常用的「抖

包袱」。假如迫不及待地把結果講出來，或是急於透過表情與動作的變化顯示出來，那就像餃子都被煮破了一樣無味，幽默便失去效力，只能讓人掃興。

· 當你表現幽默時，每一次停頓，每一種特殊的語調，每一個相應的表情、手勢和身體姿態，都應當有助於幽默力量的發揮，使它們成為幽默的標點。重要的詞語應加以強調，利用重音和停頓等以聲傳意的技巧來促進受眾的思考，加深受眾的印象。

· 不管你肚子裡堆滿了多少可樂的笑話和俏皮語言，都不能為了體現你的幽默性格，而不加選擇地一個勁地倒出來。要讓語言能展現幽默風趣，一定要根據具體對象、具體情況和具體語境來加以運用，而不能使說出的話不合時宜。否則，不但收不到談話所應有的效果，反而會招來麻煩，甚至傷害對方的感情，引起事端。

因此，如果即便現在有一個頂級笑話，不管它有多麼風趣，只要它有可能會觸及受眾的某些隱痛或缺陷，那麼，最好還是做一下犧牲，把它吞到肚子裡去，不說出為好。

· 有些人在做說服別人的工作時，運用幽默過多，常常是笑話接著俏皮話，連篇累牘，就像連環炮一樣。這樣一來，談話內容往往會脫離主題，難以達到說服別人的目的。對方聽起來，往往也會感到雲山霧罩，不知道你究竟要說什麼。

· 最不受歡迎的幽默方式，就是在講什麼笑話之前和之中，或是在剛講時，自己還沒說完就先大笑起來。自己先笑，只能把幽默的效果給吞沒了。最好的方式是讓聽眾發現會心的笑，自己不笑或只有微笑。也就是說，越是採取「一本正經」的表情和「引入圈套」的手法，越是發揮幽默力量的正確途徑。

‧ 幽默的方式是多種多樣的，講笑話只是其中的一種。不要認為講上一兩個笑話，就代表自己有了幽默感了，那樣還差得很遠。其實，會運用幽默是一種人格的魅力指數，只會講笑話還很片面，或者說，還沒有擁有較高的幽默能力。

常見的錯誤幽默

幽默是美麗神奇的，它宛如一道色、香、味俱全的美味佳餚，一絲一縷總關情，讓人們不知不覺也想自己動手煎、炒、烹、炸地露一手，只是許多欲顯身手的人很難掌握這烹調的火候。

什麼樣的幽默才能有助於提升你的魅力呢？烹調「幽默」這道美味佳餚時，應該規避哪些錯誤呢？

沒有分寸

培養起一定的幽默感並不是很難，但是要做到能夠恰當地掌握好幽默的尺度，並不是一件容易的事情。不恰當的幽默往往會使人產生不愉快的感覺，尤其面對剛剛開始互動的人，若你滔滔不絕，笑話連篇，想表現出學識淵博，很有才華的樣子，結果只會讓人反感，使人覺得你過於油嘴滑舌、輕飄虛偽，喜好賣弄自己。

凡事皆要講適度，運用幽默亦如此。在生活中，適時適地地運用幽默，才能使相互之間的關係更加和諧、親密。關於幽默的尺度，有三個忠告。

首先是，幽默勿以譏諷他人為樂事。

苛刻的諷刺幽默很容易帶有攻擊成分，使他人受到傷害、陷於不滿之中。通常，譏諷、攻擊、責怪他人的幽默，雖然也能引人發笑，但是它卻

常常可能造成意想不到的後果，使本應歡樂的場面變得十分難堪。

一位國中老師到某地出差時，提了一袋香蕉去看望一個多年未見、最近升為處長的老同學。老同學心寬體胖，雍容富態，開門見是同窗好友，一邊請他進屋，一邊指著他手中的提袋戲謔道：「你何時落魄到走後門了？本處長清正廉明，拒絕歪風邪氣腐蝕賄賂。」一句自以為幽默的調侃，使教師自尊心受了傷，他頓生反感，扭頭就走了。

顯而易見，幽默既不等同於一般的嘲笑、譏諷，也不是為笑而笑，輕佻造作地貧嘴耍滑。幽默是一種有修養的展現，它與中傷截然不同。幽默笑談是美德，惡語中傷是陋行，真正好的幽默是真情實感的自然流露，是嚴肅和趣味間的平衡。雖然它以一種古怪的方式激發出來，卻經常表現出心靈的慷慨仁慈。

不過，帶有嘲諷意味的幽默話極易出現攻擊他人的風險，而達到目標效果的機會又很小，所以，盡可能避免使用。下面就有一個例子：

某飯店服務生小王不愛刮鬍子，多次被批評，但積習難改，於是主管找他談話。這位主管劈頭就問道：「小王，想一想，你身上最鋒利的是什麼呀？」小王愣了一下，掏出水果刀說：「就這把水果刀了。」經理搖頭：「不見得吧，我看倒是你的鬍子。」小王不解：「為什麼？」「因為它的穿透力特別強。」（潛臺詞：你的臉皮特別厚。）小王反應過來以後，臉氣得通紅。

由於譏諷有嚴重的負使用，所以在使用幽默方式對別人進行批評時，就要進行審慎的推敲，以免使接受者產生被嘲笑、被捉弄的感覺。

第二個忠告是：惡作劇有時可以產生幽默效果，但使用時卻要注意掌握分寸。

惡作劇在乍看之下，似乎並不是什麼犯罪的事，但只要分析其潛在意

識，就很可能發現其中包含著憎惡及攻擊性的心理，有時回想自己所做過的惡作劇難免冷汗直流。

過火的惡作劇很傷人。所以，惡作劇一定要止於天真無邪的玩笑才行，也只有如此才不會傷害到他人的自尊。善意的惡作劇，幽默情趣很濃，自然能給平淡的生活帶來清新的空氣，讓人開心；但捉弄人的不懷好意的惡作劇，不但令人生厭，而且影響人際關係。

美國好萊塢有一批專愛捉弄人的演員，開起玩笑來無所顧忌，令人瞠目結舌。時常有人用裝有火藥的雪茄請朋友抽，嚇得對方魂飛魄散，這樣的惡作劇雖然能讓他們在緊張煩亂的工作中解脫出來，放肆地大笑一場，卻使被戲弄的對象十分不快。

笑有愉悅功能，也有懲罰功能。嘲諷的笑是典型的懲罰的笑，而惡作劇的笑正是懲罰的笑的一種形態。用佛洛伊德（Sigmund Freud）的話來說，惡作劇就是讓自己平時壓抑的情感與欲望得到了發洩。

第三個忠告是：幽默可能會產生良好的效果，但前提是要掌握好幽默的投放量。

一句幽默的妙語可以為溝通帶來契機和輕鬆的氣氛，但是川流不息的妙語、笑語、警句、諷喻，卻只能阻塞溝通。因為「幽默轟炸」通常都會導致被「幽默」對象感到緊張，使人不知如何是好。試問有誰能不間斷地承受別人強烈的幽默諷刺呢？

幽默其實是一把雙刃劍，在我們運用時機、地點乃至言詞不當時，都可能傷害別人的自尊與情感。如果幽默不能為人釀出歡娛，卻出現強加給人怨憤、痛苦，這可是令人遺憾惋惜的事情。所以，我們應該學會怎樣避開幽默的禁區。

幽默的社會心理價值並不意味著它具有普遍隨意性，幽默的文化功用

也不說明它具備了萬能的效應。這是一朵帶刺的玫瑰，也是一片風光旖旎的雷區，任何輕率、莽撞的行為都將飽嘗苦果，使瀟灑輕鬆走向它的反面。

拿「崇高」做原料

什麼是崇高？它就是人們心目中所尊崇的莊嚴的事物。比如說，一個民族、國家、社會制度和人生的信仰等。

早在清代陳皋謨所編輯《笑倒》一書後所附《半庵笑政》中，就有「笑忌」一節，其中便有一忌：「侮聖賢」，這和我們所討論的褻瀆崇高是一個意思。每個時代不同的人群都有自己尊崇的「聖賢」，即神聖、崇高的事物。現代社會，為眾人所接受的英雄形象，能維護大眾利益的權威形象，似古時「聖賢」一般，絕不可拿來做幽默的原料。

這時，問題就出現了，難道幽默與時政不存在關係嗎？政治家不能作為幽默對象嗎？回答是否定的，幽默雖不能直接以時政為烹調原料，但我們可以從邊緣入手，從以下幾個層次上做文章。

首先，幽默對一些政客的諷刺，古今中外不勝枚舉。西方人對一些反覆無常的政客深惡痛絕，常創作一些很出色的幽默作品來挖苦他們。有一則幽默故事說，西方某地定期舉行國際性的「撒謊」大賽，竭誠歡迎人們參加，只是堅決拒絕政客參加，理由是大賽選手都是業餘撒謊者，而政客則是職業撒謊家。

其次，對一般政治家，採用一些善意的幽默，也還是可以的。在美國，由於文化的關係，拿總統開個玩笑似乎也是輕鬆平常的事，算不得犯上或不敬。有這麼一則《小試智商》的幽默，是拿布希（George Herbert Walker Bush）開玩笑的：

一個天氣晴朗的下午，當時仍任美國總統的布希和仍是英國首相的柴契爾夫人（Margaret Thatcher）會面。他問她：「請問如何才能衡量下屬的才智？」

　　柴契爾夫人氣定神閒，把她的外交大臣傑弗瑞・豪（Geoffrey Howe）召來，問他：「你爸爸的兒子如果不是你兄弟，是誰呢？」豪爽快地答道：「豪。」豪離去後，柴契爾夫人對布希說：「就這樣，很簡單，不是嗎？」

　　布希回到白宮，召副總統奎爾（James Dan Quayle）進來問他：「你爸爸的兒子如果不是你兄弟，是誰呢？」奎爾答不出來，跑去請教季辛吉（Henry Kissinger）。季辛吉聽完問題，回答他：「季辛吉。」奎爾隨即回來答覆布希：「季辛吉。」

　　布希聽了長嘆道：「唉，奎爾，我真被你氣壞了。答案應該是豪呀！」

　　類似的拿總統取樂的美國笑話，幾乎俯拾即是。

在倫理輩分上占便宜

　　這個問題，在相聲表演上比較突出。平時人們在一般場合中也時有發生。趣味低級的人往往喜歡找空隙，把身邊的同事當一下「父親」或是「爺爺」輩之類的。這種鬧劇會鬧得彼此都不開心，說白了這算不上幽默。

將汙穢、粗俗之物拿來烹調幽默

　　換句話說，在幽默過程中，應盡量避免不潔和不雅的內容和形式出現。

　　不潔事物主要指的是垃圾、廢物和人與動物的排泄器官、排泄行為和排泄物。不雅主要是以指生殖器官以及有關性方面的一些內容。避開這些題材，它們並非幽默的特殊需求。在一般社交中應注意禮貌。

有人喜歡說「黃色笑話」，但相當貶低自己的人格。從欣賞者心理來說，聽眾產生的一種複雜的綜合感受，是他嘲和自嘲的笑聲。「啊，天哪！他竟敢講這種笑話！」這是嘲笑表演者、講述者，以表示自己與講述者的層次的不同，在此同時，也要為自己擺脫突然陷入尷尬窘境而做出自嘲的笑聲。

幽默對不潔、不雅的內容，是不是毫無辦法呢？這也未必，其中關鍵是一個尺度的掌握，如果人們越過事物的表層，很快就進入到「言外之意」的意境裡，就會收到一種含蓄的效應。

一個陪客突然放了一個屁，紅了臉，立刻想辦法去掩飾，就連連用手去磨皮椅發出聲音。另一位客人接著說：「還是第一聲比較像。」

一輛計程車，載著一個酒鬼，酒鬼坐在後面問司機：「請問，前面的座位可以放東西嗎？」

司機：「您想放什麼？」

酒鬼：「我想放三斤牛肉、兩斤豬排、六瓶啤酒、一瓶白酒，還有一道菜。」

司機：「請放吧！」

酒鬼嘴一張，「哇」的一聲，一肚子東西全吐在前面的座位上。

前一則幽默，開闢了「屁」題材的新方式，顯得有些「輕薄」，有些不雅的效果；後一則笑話有點笑料意味，雖有「不潔」之嫌，壞影響卻並不明顯。

東晉元帝生了個兒子，遍賞群臣。有個叫殷美的臣子謙讓說：「皇子誕生，普天同慶。我們沒有什麼功勞，為什麼犒賞我們呢？」

元帝笑道：「這種事怎麼能讓你們有功勞呢？」

這則小幽默很含蓄，雖與性內容有關，但並未給人露骨、粗俗的印象。

調侃不如你的人

客觀而論，站在你的角度上，自認為比你混得差的人可笑之處肯定不少，但如果總是津津樂道地笑話不如自己的人，你就會被別人笑話，笑你不厚道、笑你沒出息，專撿軟的吃。所以，高明的幽默一般是避開、淡化幽默題材中的人物，或者將「聚光燈」對準「大人物」找樂子。

拿他人生理缺陷調侃

對一些有生理缺陷的人，幽默斷然不能進入這片天地。

有一位盲人在街上走，忽然想要上廁所，便邊走邊聞摸到一家飯店的門口。

這家飯店衛生很不好，女服務生見好不容易來了位顧客，便趕緊迎上前去：「先生，您要來點什麼？」

這盲人忙說：「啊，不麻煩您啦，我只是小便！」

服務生一聽，立刻火往上沖：「您這個流氓，快滾開。」盲人拄著拐杖悻悻地離開了，嘴裡還咕噥著：「原來這裡是女廁所！」

這則幽默雖然是對服務生及餐廳的譏諷，但也是對身障人士的嘲弄。這樣的幽默若是拿去和一個盲人說，顯然是愚蠢的。

第八章
沒有幽默細胞怎麼辦

第八章　沒有幽默細胞怎麼辦

　　善幽默的人討人喜歡，這個道理大家都知道，也深有體會。有些不擅長幽默的年輕人也想讓自己變得幽默起來，但奈何「自己天生沒有幽默細胞，只能空想而已」。幽默真的是天生的嗎？答案是否定的。假設有一個孩子天生就有幽默基因，但把他單獨放在原始森林中生活幾年再回歸社會後，他還能幽默嗎？

　　所以，幽默不是天生的，幽默是可以培養的，是在環境中重新調整心態後鍛鍊出來的。我們在對一些具有幽默感的人進行研究之後發現，幽默也確有某種遺傳基因存在。但仔細推究起來，我們也不難發現其中的牽強之處，因為我們也可看出環境和培養的力量的影響作用，如果再把世界上眾所周知的幽默大師稍微研究一下，這種理論就更站不住腳了。因此，幽默並不神祕，而且對所有人來說，後天培養至關重要。再呆板的人，只要自己努力都可以逐漸變得幽默起來。美國前總統雷根以前也不是幽默的人，在競選總統時，別人給他提出了意見。於是他採用了最笨的辦法使自己幽默起來 —— 每天背一篇幽默故事。

　　事實上，沒有人天生是幽默的，必然是後天的環境與自己努力所致，所以只要肯下功夫研究，並加以實踐，誰都會成為受眾人歡迎的幽默高手。當然，這必須有一個前提，那就是有一個好的心態，有一個積極的而不是被迫的、消極的面對社會緊張氣氛的良好心態。

透視幽默家族

　　就品種而言，幽默和笑話一樣豐富多彩，它有各種各樣的類型，善意的、冷酷的、友好的、粗魯的、悲傷的、感人的、攻擊性的、不動聲色的、含沙射影的、不懷好意的、嘲弄的、挑逗的、和風細雨的、天真爛漫的、妙趣橫生的等等。這裡不論屬揶揄也好，屬嘲笑也好，充滿同情憐憫

也好，純屬荒誕古怪也好，其意趣必須是從內心湧出，更甚於從頭腦湧出的。只有這樣，它才會以一種生動的姿態，展開心靈的溫暖與光輝。

嘲諷性幽默是幽默常見的品種之一。它是幽默者以溫和與寬厚的態度，對那類值得嘲諷的人或事所做的輕微的挪揄和批評，雖然荒誕不經，卻發人深省。

在卓別林（Charlie Chaplin）主演的生活片中，主角長年累月在裝配生產線上擰螺絲，擰得太急了，竟擰到前面的人的屁股而未察覺。編導者運用「怪巧」的手法渲染畫面，造成情景幽默，以抨擊當時西方的勞動異化現象，令人忍俊不禁。

一個動盪的國家傳出一則故事。

一人問：「比基尼泳裝和我們的政府有什麼不同？」

答案是：「沒有不同。每個人都知道它維繫的是什麼，但每個人都希望它維繫不住。」

沒有什麼言辭比這則幽默故事更生動的了，從這則幽默小故事中我們看到了人民對政局動盪不安的厭惡情緒和深沉的無奈感。

在生活中也不乏巧妙運用幽默來表達失望感的例子。

有一位顧客對侍者說：「我有一個辦法，保證叫你多賣出三成的柳橙汁：你只需把杯子倒滿。」

顯然，運用嘲諷性幽默的妙處在於，它能把一些足以損害我們的慣例和舉動的流弊暴露出來。

幽默家族的另一主流是詼諧性幽默。詼諧性幽默多出現在幽默者的性格當中，其表現方式是大智若愚的「拙巧」。這類幽默雖然只有三言兩語，卻鞭辟入裡，讓人拍案叫絕。

一次，美國作家馬克吐溫收到一封信，信中道：「聽說魚骨裡含有大

量的磷質，可以補腦。那麼，要想成為一個專家，就必須吃許多魚才行吧？你是否吃了很多魚？吃的是哪一種魚呢？」

馬克吐溫回信說：「看來，你要吃一對鯨魚才行！」

作家的回信幽默而含蓄有力。

還有一則故事，說一個文理不通的國王偏偏要顯露自己做詩的「才華」。

一天，國王寫了首詩要阿凡提品評，阿凡提掃了一眼說：「陛下，即使您不寫詩，也不會被小看。您還是只管做自己的國王吧。」

國王大怒，令衛士將阿凡提關進了驢圈。一星期後，國王又寫了幾首詩，挑了一首得意之作，把阿凡提傳到殿前來品評。阿凡提看了一眼，轉身就走。

國王喝道：「到哪裡去？」

阿凡提深深施了一禮說：「到驢圈去，陛下。」

詼諧性幽默的特點很突出，即婉轉、裝痴、寓莊於諧。本身所含的「自嘲」色彩，使詼諧性幽默在社會中十分流行。

哲理性幽默一般被視為「幽默貴族」。它包括那些靈機一動的理智閃光，信手拈來的雋詞佳句，耐人尋味的諧趣珍聞。它代表一種樸實無華的「技巧」，蘊含深奇，為人稱道。

請看下面這些妙語：

大學生請一位著名的經濟學家給衰退、蕭條、恐慌等詞下個定義。

「這不難。」專家回答，「『衰退』時人們需要把腰帶束緊。『蕭條』時就很難買到紮褲子用的皮帶。當人們沒有褲子時，『恐慌』就開始了。」

教授在上倫理課。他告訴同學們如何提醒別人一些尷尬事情。「比如

說，如果你們看見女孩子屁股上有草屑，你們應該委婉地說：『小姐，妳的肩上有草屑』。女孩子往肩膀看，然後向下 —— 看見了。」

這時一個女學生舉手站了起來，說：「教授，你領帶的拉鍊開了！」

一個題為《佳麗可人》的作品更富趣味：

「你最愛我哪一點？」妻子問她的丈夫，「是我的天生麗質呢，還是我動人的身軀？」

「我最愛妳的這種幽默感。」丈夫回答。

幽默苑中另一生力軍 —— 逗趣性幽默，最受年輕人的青睞。此類幽默格調上屬玲瓏剔透的「智巧」，它由奇顯巧，巧奇結合，在突轉中獲得強烈的喜劇效果，下面就是一例：

德國的郵費不斷上漲。報載小品文《情書》一則：

最親愛的麗娜：

如妳所知，我愛妳，而且狂熱地、永遠地、誠心誠意地愛著妳。這一保證從 1983 年 8 月到 1984 年 8 月的期間內均有效，並可以隨情況變化而延長。為了節省開支，我不再給妳寫信，吻妳 365 次。

妳的貝恩尼

有位演說家在演說中穿插了另外一個逗樂故事 ——

在一輛載滿旅客的公車後面，一位個子矮小的人在奔跑著。但是公車仍在下坡路上高速前進。

「停下吧！」一位乘客把頭伸出窗子，沖小個子喊道，「您追不上它的！」

「我必須追上，」小個子氣喘吁吁，「我是這輛車的司機！」

幽默形式和品種異彩紛呈，百花爭妍，表明人類的幽默藝術經久不衰，生命力旺盛。當我們為它的奇光異彩所吸引時，應該看到：一如世上

絕大多數事物一樣，幽默也有不同品格，有的高貴文雅，啟人心智；有的低級庸俗，貽害青年。對發揮幽默力量者而言，理性的判斷透視是必要的。

幽默藏身何處

令那些「沒有幽默細胞的人」苦惱的是：幽默到底藏在什麼地方？

—— 其實，幽默無處不在。

一位顧客到餐廳去吃飯，米飯中沙子很多，他把它們吐出來一一放在桌子上。服務生見此情景很是不安，抱歉地說：

「有很多沙子嗎？」

那顧客點頭微笑著說：「是的，不過也有米飯。」

面對令人生氣的事情，這位先生成功地用了一句曲折、幽默的話化解，指出了飯中沙子多的事實，同時也消解了自身的氣惱。

交響樂團在排練斯特拉溫斯基（Igor Stravinsky）的《春之祭》的最後一章，指揮向大家講述他對音樂各部分的理解，他這樣說：

「柔和優美的圓號象徵著奔逃的農家少女，而響亮的長號和小號則代表著追逐的野人。」

當他舉起指揮棒讓音樂繼續時，從圓號區飛過來一句，「大師，您不介意我們把某一部分演奏得快一些吧！」

一句輕鬆的調侃消除了排練的緊張與辛苦，令彼此之間盈溢著笑聲，真是其樂無窮！

巴基斯坦著名主持人穆哈米主持了一場晚會，這場晚會並沒有其他節目，只是穆哈米和協助他主持晚會的幾個文藝界著名人士在臺上進行機智幽默的問答，而臺下觀眾始終興致盎然，笑聲、喝彩聲不斷，氣氛十分熱

烈。下面我們看看穆哈米與著名影星雷利的一段對答。

鬢髮斑白的影壇老將雷利拄著拐杖，步履蹣跚地走上臺來，很艱難地在臺上就座。看到這樣一位老人，讓人很自然地為他的身體擔心。所以穆哈米開口問道：

「你還經常去看醫生？」

「是的，常去看。」

「為什麼？」

「因為病人必須常去看醫生，這樣醫生才能活下去。」

此時臺下爆發出熱烈的掌聲，人們為老人的樂觀精神和機智語言喝彩。

穆哈米接著問：「你常去藥局買藥嗎？」

「是的，常去。這是因為藥局老闆也得活下去。」

臺下又一陣掌聲。

「你常吃藥嗎？」

「不。我常把藥扔掉，因為我也要活下去。」

穆哈米轉而問另一個問題：「嫂子最近好嗎？」

「啊，還是那一個，沒換。」

臺下大笑。

主持人與演員的對答幾乎句句精彩，在這樣熱烈活潑的氣氛中，觀眾是不會疲倦的。

幽默遍布日常生活空間的每一個角落，愛人之間、朋友之間、同事之間，甚至於陌生人之間，都可以生長出幽默的大樹，結出融洽的果實。

男女相悅，從相識開始。就在選擇結識的對象這一問題上，不同價值取向的人展示了各自的手段和才華。

「我認識一個聰明的窮女孩和一位愚蠢的富小姐，你說，我該向誰求婚呢？」張三問。

「當然是那個窮女孩。」李四回答。

「看得出，你的確是一個為我著想的好朋友。」張三感慨道。

「作為好朋友，我還有個請求，快把那富小姐的電話告訴我。」李四說。

李四為張三指出了一條正確的道路，同時用幽默的調笑，輕微地嘲弄了張三。李四真的想要富小姐的電話嗎？未必，他只是想用一種有趣的方式調節一下氣氛，委婉地暗示一下：這有什麼猶豫的。

一名婦人走進婚姻介紹所，對工作人員說：「我感到太寂寞了！我有財產，什麼都不缺，只少一個好丈夫。你能幫我介紹一個嗎？」

婦人說：「他必須討人喜歡、有教養、能言善道、喜愛運動、興趣廣泛，最重要的一項，我希望他能終日在家裡陪我，我想和他說話，他就開口；我感到厭煩了，他就別出聲。」

「我懂了，小姐。」工作人員耐心地聽完後說，「妳需要的是一臺電視機。」

釣魚、網球、打牌、高爾夫球各種娛樂活動都是幽默的豐富素材。

一個籃球運動員說：「我的醫生說，我不宜打籃球。」

他的同伴聽了說：「哦，他一定是你們球隊的死忠球迷。」

在橋牌上，太太問：「我有四張 A，三張 K，你憑什麼先叫牌？」

丈夫回答：「我憑的是一張 Q，一張 J，三杯白蘭地，還有晚餐喝的威士忌叫牌。」

你的幽默會給旁人造成愉快的氣氛，同時也提高你的情緒，改善你的形象；你是在用自己的機智讓大家盡情地享受生活的樂趣，同時也改善了

自己的生活，因為幽默是消氣的良藥。生活中，每個人都有不滿和失意的時候，如果我們將這些內容以訴苦或牢騷的方式表達出來，那就會更加讓人苦惱，這時，不妨使用幽默這一消氣良藥。

幽默需要知識的營養

幽默與知識有什麼關係？先讓我們看一則故事：

有一位秀才年年鄉試都落第，他每次寫文章便像吃了苦藥一般，抓耳撓腮，遲遲下不了筆。

妻子看他那愁眉苦臉的樣子，心中老大不忍，便說：

「你們男人做文章真比我們女人生孩子還難哪！」

那秀才哭喪著臉回答說：「那當然，妳們是肚子裡有貨，我的肚子沒有貨啊！」

這個笑話告訴我們，知識貧乏，腹中空空，是寫不出文章來的。同樣沒有知識、孤陋寡聞的人，即使是口齒伶俐，也不能說出幽默的語言來。

知識是幽默生長的營養。幽默的生長要求有豐富的知識，廣博的見聞，因此，我們要對古今中外、天南地北、歷史典故、風土人情都應該有所了解，用自然知識、歷史知識、社會知識、生活知識不斷地充實自己的頭腦。在這個基礎上講起話來才能得心應「口」，出口成章，才能瀟灑流暢、生動有趣。一些著名的政治家、思想家、軍事家、文學家、藝術家和科學家，之所以富於幽默感，就在於他們都是具有豐富的知識和閱歷。

為了豐富我們的知識，我們應當博覽群書，書讀多了，知識自然充實。多讀書，不妨注意多讀一點語言幽默的書籍，比如讀一些笑話集、喜劇小品的劇本等，從別人幽默的方法中悟一些幽默之道，看看別人是怎樣幽默的，一旦學會了，就直接移植過來，這樣才可以提高幽默感。

為了豐富我們的知識，我們還要多多讀一下社會這部無字書。曹雪芹說：「世事洞察皆學問，人情練達即文章」。洞察社會的人情世故，這對於增強幽默感是極有幫助的。許多幽默的話語，都是建立在對社會各種事情的真知灼見之上的。如果沒有這種真知灼見就無法形成幽默。

美國哲學家喬治‧桑塔亞那（George Santayana）選定 4 月的某天結束他在哈佛大學的教學生涯。是日，喬治在禮堂講最後一課的時候，一隻美麗的知更鳥停在窗臺上，不停地歡叫著，他出神地打量著小鳥。

許久，他轉向聽眾，輕輕地說：「對不起，諸位，先失陪了。因為我與春天有一個約會。」講完便快步走了。

這句美好的結束語，不僅具有相當的幽默感，而且充滿了詩一樣的美。沒有豐富的知識墊底，無論如何也說不出這種富於哲理的幽默語言的。

豐富的知識，廣博的見聞使得幽默得心應手，左右逢源。想讓自己成為一位具有幽默性格的人，就必須使自己閱歷豐富，對當今社會和國內外時事都有所了解，必須對天文地理、聲光電化、文史哲經、名人軼事、影星趣聞都有所關注。只有多讀書，多累積知識，擴大知識的累積面，懂得並能熟練地按技巧操作，才能登堂入室，修成正果。

提高自己的綜合能力

幽默的性格既是知識的結晶，又是多種能力的合成。因此，要培養幽默感，還必須注重提高自己的綜合運用能力。

首先要注意提高觀察力。只有這樣，才能既能明察秋毫，從平凡中看到本質，從司空見慣的日常小事中看到情趣，從而才有可能借助語言或其他手段幽默地表現出來。

　　有位年輕人，由於他善於觀察並產生聯想，從而發現生活中許多有趣的現象。比如他發現生活中常有這樣的現象：兩個人在門裡外同時推門，門不能開；兩個人又同時拉門，力量相抵，門還是不開；兩個人在兩側同時發呆，然後兩人各自轉身離去。這種生活中的矛盾現象有很多人都見過，但視若無睹，更沒有深想，所以也就無法發現其中的內涵。但這位年輕人卻能發現，並且產生聯想，將這種矛盾現象用漫畫表現出來，這說明觀察力在幽默中的作用。

　　其次，觀察過後要有分析，要有豐富自己的想像力。富於想像，才能從平凡的生活素材中，找到別出心裁的幽默構思。

　　除了培養觀察力和想像力之外，還應培養邏輯推理能力。因為許多幽默便是活用邏輯而構成的。還要培養高度概括表達能力。培養了這些綜合能力，才會有敏銳的反應，才能巧妙地把自己對生活的認識、理解表現出來。

幽默能力也需要累積

　　前面我們說過，幽默實在可說是一門藝術，所能表達的內容包羅萬象，如果只在技巧上下工夫，而忽略了自身特質的培養和幽默知識的累積，只能是捨本逐末，徒有一副空架子。

　　而在現實生活中許多人以為口才只是口上之才，以為口才好的人，只是因為他們很會幽默，而自己只是因為沒有掌握幽默的技巧，才不會幽默的。他們看見許多口才好的人什麼都可以說，談什麼都很動聽，就覺得他們的口齒伶俐。這種看法其實是相當片面的、膚淺的。固然，口才的能力有賴於相當時間的訓練，但好口才的基礎實際是他人善於思考、善於觀察、興趣廣泛，聯想豐富，以及具有強烈的同情心和責任心。俗話說「巧婦難為無米之炊」說的大概就是這個道理。

第八章　沒有幽默細胞怎麼辦

追本窮源，即使口才再好的人，也必須經常在觀察和思考上下工夫。他們必須不斷地擴充自己的興趣，累積自己的知識，培養自己的聯想能力和幽默性格。他們談話的題材源泉其實是非常充實的。而那些認為自己口才不好的人呢，他是不是每天看報紙？看報紙的時候，是不是只看看副刊上的小說消遣而已？是不是同時也很注意重要的國際及當地的新聞呢？是不是很留心地去選擇電視節目？是不是隨便聽聽就算了呢？是不是選擇有意義的、精彩的電影和戲劇？是不是有集中精神去欣賞它們，而不是坐在電影院裡打瞌睡？

某著名劇作家曾說，哪一天我們對語言著了魔，那才算是進了大門，然後才有可能登堂入室，成為語言方面的富翁。那麼，我們應該怎樣來具體學習、錘鍊自己的幽默能力呢？下面介紹幾種可行、有效的方法。

首先要多讀書，多看報，多關心時事。日常生活中，我們每天都離不開報紙、雜誌和書籍以及電腦、電視等。在讀書看報時，不妨備一支筆、一些卡片紙和一把剪刀，把所見到的好文章或讓自己心動的幽默例子選出來，或者複製下來，或摘錄抄在卡片紙上，或黏貼在一個筆記本中。每天堅持做，哪怕一天只記一兩句也是很有意義的。日積月累就會自己為自己整理出一個「幽默大全」或者「笑話全集」，在談話的時候，你也許就會不經意地用上它們，從而使自己的幽默手段豐富起來。當然，這不一定只是為了提高自己的幽默能力，而是為了豐富自己的知識面。

其次要善於學習。對於與別人互動時幽默的題材和資料，一方面要認真地去吸收，另一方面則要好好地去運用。懂得如何運用，就可以使一句普通的話發揮出驚人的效果。學習吸收的目的是為了很好地應用，光吸收而不能應用毫無意義。

俗話說：「熟讀唐詩三百首，不會吟詩也會吟。」等到了「群書萬卷

常暗誦」的境界，吟詠其中的精華，則可心領神會，產生強烈的興味。摸熟語言的精微之處，則會喚起幽默的靈感；熟悉名篇佳作的精彩妙筆，則會獲得豐富的詞彙，自己在講話時，幽默的語言亦會不召自來。這並非天方夜譚，只要你能潛心苦讀，勤記善想，揣摩尋味，持之以恆，就能嘗到運用語言，特別是運用幽默手法的醇香厚味。如果反覆地用，不斷地學，久而久之就可以「於無法之中求得法，有法之後求其他」了。

另外要注意蒐集並累積別人運用幽默的方式方法。在聽別人的談話甚至於在接收手機訊息、瀏覽幽默網站時，隨時都可以聽到或看到表現幽默方法的故事、笑話。把這些東西記在本子上，在生活中重複使用一遍，久而久之，你表現幽默的題材、資料就越來越多，說起話來也就越來越水到渠成、風趣幽默。

最後還要努力提高自己的表達能力，也就是要不斷提高自己觀察問題、思考問題的敏銳性，不斷豐富自己的學識與經驗，並努力增強聯想力與敏感性。隨著表達能力的提高，你的幽默能力也肯定會豐富多彩，整個人的個性素質和各方面的綜合能力都會提高，從而使自己在不知不覺中成為一個幽默高手。

誇張的表情幽默

在交談中適當運用擠眉弄眼、瞪眼睛、吐舌頭、鼓兩頰、皺鼻樑、歪嘴巴的表情，也就是俗稱的「做鬼臉」有時也可以達到幽默效果。

大家一定都熟悉法國的著名喜劇演員德菲內斯（Louis de Funès），即使不熟悉，只要一提起他演的電影《虎口脫險》、《瘋狂的貴族》等，很多人都會有印象。他就是一個擅長用誇張動作表現幽默的喜劇演員。當然，若說動作誇張幽默，那當然還是屬幽默天才、喜劇大師卓別林了。

第八章　沒有幽默細胞怎麼辦

　　儘管扮鬼臉是一種相當有效的幽默技巧，但這種靠出自己洋相來收效的幽默技巧只適合對熟悉的人或者小孩子使用，如果對一個陌生的成年人來做出這些表情，人家肯定會想「這個人有毛病吧」；如果對剛剛談了不久的女朋友做出這些表情，很可能就會把她嚇跑了；很明顯，在一些嚴肅的場合是不宜使用這類做鬼臉的表情來表現幽默的。

　　其實，要扮好鬼臉也不是一件簡單的事。法國著名喜劇表演大師德菲內斯曾經靠他魔幻般的「鬼臉」表演轟動了全世界，不過這種成就卻是靠他幾十年都致力於各種鬼臉的刻苦訓練換來的。你可能不會成為喜劇表演大師，不過如果你有興趣的話，也可以對著鏡子練習做鬼臉，在某些情況下這種技巧將會有意想不到的幽默作用。畢竟，我們學不到大師們的精華，學點皮毛也是不錯的。

　　把歡喜、驚訝、恐怖、憂傷等表情進行大幅度的誇張，也是交談中常用的表情幽默，這種表情幽默特別適合在交談中敘述某事時使用。

　　比如，一個人對朋友說：「我太傷心了。」朋友問：「怎麼了？」然後，他故意做出嚴肅、神祕的表情說：「我昨天傍晚買了三條活魚，今天早晨沒有一條是完整的！」朋友不解，此人認真嚴肅地說：「牠們為了別人的幸福，在海鮮城裡犧牲了自己……」

　　除了上面的扮鬼臉和誇大表情外，在述說中，裝著毫無感情的淡漠樣子，呈現表情上的「空白」，也是效果較好的表情幽默之一。但這種幽默方式較難控制，它要求說話者故作一本正經地把幽默表現出來，且在別人哈哈大笑時，自己仍然要「無動於衷」。這種毫無表情的幽默在表演上的運用被稱為「冷面滑稽」。

動作姿勢的幽默

與表情幽默相比，形體上的滑稽動作也能表現幽默。卓別林就是一個動作幽默大師。他四歲的時候便上街賺錢，模仿一些著名歌唱家的調子，在演唱的同時，他還做出各種可笑的動作逗樂路人。特別是他那絕妙的「鴨子式」步法，為許多後來人爭相效仿。

柏格森（Henri Bergson）說：「模仿生命的機械動作就是一種滑稽。有些姿勢，我們並不想笑它，然而一經別人模仿就變得很可笑了。」惟妙惟肖的模仿，誇張的模仿，甚至是拙劣歪曲的模仿都能製造出幽默的效果，引起人們的哄堂大笑。

某大學裡，同寢室的幾位男生無聊的時候，便模仿流行歌曲演唱的歌手們的動作、口形等，配上誇張的表演，做成影片上傳到網路上，曾經獲得了很高的點擊率。

不僅語言和動作中都存在幽默，語言中的各式幽默，在動作中同樣也有和它類似的形式來表現。比如，在處理非常簡單的問題時，你可以裝出手忙腳亂的樣子，讓你的朋友幫忙。這樣，他幫你做完後，很可能會得意地嘲笑你：「連這個都做不了，真是個笨蛋！」而你則可以透過某種動作上的幽默裝傻，在心理上，給你的朋友帶來一種滿足感。

下面這個幽默故事中的僧人使用的也是一種動作上的幽默。

有一個很有智慧的僧人，他立志雲遊天下。一天傍晚，他走到一個地方，看到前方有一戶人家，就決定去借宿一宿。他卻不知道這家人從來不許人借宿。

僧人見到這家的主人後，表明來意，主人說明了自家從來不留外人借宿的情況。僧人一聽，心想這下麻煩了，於是心生一計，他立刻擺擺手，

指指自己的耳朵，意思說自己是個聾子，聽不見主人說的話。

主人無奈，先招待他吃飯，然後打著手勢對他說：「禪師，吃了飯，早點動身趕路吧，我們家是不能留你住宿的。」僧人假裝看不懂主人的手勢，只是瞪大眼睛搖搖頭。主人用手指著門，意思是請他出去。「好，好。」僧人好像懂了。一邊說著，一邊大步走到門外，把包袱背了進來，放在牆角的櫃子前面。主人又趕緊作了手勢，意思說你背上包袱快出去。僧人馬上高興地走過去，背起包袱放在了櫃子上面，比劃著說：「您想得真周到，包袱裡面可全是神聖的經書啊！」主人又不停地比劃，意思是要他走，他卻點點頭，打手勢說：「沒有小孩子好啊，不會亂拿東西。」

主人說東，他就說西，還不停地做些誇張動作，弄得主人哭笑不得，實在沒辦法，只得留他住了一宿。

其實，動作上的幽默往往是和語言上的幽默配合使用的，這樣就能使意思更加準確、豐富，更加耐人尋味，造成的幽默感也更加強烈。因此，當我們看到別人犯了錯誤，尤其是在理解上犯的錯誤時，總會感到十分可笑。

在動作上，還可以運用其他一些幽默技巧。比如說「分裂」手法。這裡所指的分裂是指行為與意念的分離或背離。例如，哥哥正與妹妹下棋，聽到爸爸走近房間的腳步聲，馬上藏起棋來做功課，就是將想盡情玩耍的意念與「一本正經」做功課的行為的背離。分裂是極廣泛的心理現象和社會現象。

當然，一般來說動作幽默是相對比較低階的幽默。卓別林能名揚四海，更多的還是故事情節因素在起作用。如果動作幽默沒有內涵，一味地靠姿勢的可笑來產生幽默效果是不能持久的。

戲謔、揶揄與幽默

在人與人的互動中，真正帶有攻擊性的玩笑與幽默是比較少見的，純戲謔性的比較多一些。但即使是純戲謔性的，往往也帶著假想的攻擊性，如日常生活中的給人取綽號就屬此列。攻擊性如果對於陌生人，則不管多麼不含惡意，也都是不禮貌的，可能引起不良後果；但是如果在非常親近的親屬或朋友之間，卻恰恰又是交流情感的一種常用方法。攻擊性更強烈的幽默，可以稱之為戲謔性幽默，這種幽默的親切感也更強些。總之，在人與人相處的人際關係上，越是親近，越可戲謔與揶揄；越是疏遠，越要客客氣氣。

民間就流傳著不少關係親密的文人雅士互相戲謔的故事。蘇東坡有個妹妹，雖然一看就是一副慧黠的樣子，卻長著高高的突出的額頭。她從小就愛與兩個哥哥比才鬥口，一派天真。尤其是大哥蘇軾滿腮鬍鬚，肚突身肥，穿著寬袍大袖的衣服，不修邊幅，不拘小節，更是她鬥口的對象。於是，他們整天在家戰個不休。一天蘇東坡拿妹妹的長相開玩笑，形容妹妹的凸額凹眼是：

嬌軀尚在閨閣內，額頭已至畫堂前；
幾回拭淚深難到，留得汪汪兩道泉。

蘇小妹嘻嘻一笑，當即反唇相譏：

一叢哀草出唇間，鬚髮連鬢耳杏然；
幾回口角無覓處，忽聞毛裡有聲傳。

這詩譏笑的是蘇軾那不加修理、亂蓬蓬的絡腮鬍鬚。女孩子最怕別人說出她長相的弱點，蘇小妹額頭凸出一些，眼窩凹進一些，就被蘇軾抓出來調侃一頓。蘇小妹說完蘇軾的鬍鬚似乎又還沒有抓到痛處，覺得自己沒

有占到便宜，便再一端詳，發現哥哥額頭扁平，了無崢嶸之感，又是一副馬臉，恨不得長達一尺，兩隻眼睛距離較遠，整個就是五官搭配不合比例，當即歡欣地再作一詩：

> 天平地闊路三千，遙望雙眉雲漢間；
> 去年一滴相思淚，至今流不到腮邊。

戲謔與揶揄一般都是無傷大雅的，在大多數情況下會多多少少帶有一些揭對方短處的意味，對此，一定要掌握好分寸，過與不及都可能令幽默達不到預定的效果。

佛印和尚與蘇東坡是莫逆之交，經常與東坡一道遊山玩水，吟詩作對，而且均不乏幽默機智，為人們所津津樂道。佛印雖然做了和尚，但是仍然非常瀟灑，常與東坡一塊飲酒吃肉，無所禁忌，不受佛門清規戒律的束縛。

一回，佛印聽說東坡要到寺裡來，便叫人燒了一盤東坡愛吃的紅燒酥骨魚。魚剛端來，東坡恰好走到門外。

佛印聽到東坡的腳步聲，想跟他開個玩笑。正好旁邊有一隻銅磬 —— 佛寺中缽形的樂器，順手就把魚藏進磬中。

東坡早聞到魚的香味，滿心以為又有魚肉吃了。一看飯桌上沒有魚，而香案上的銅磬卻倒扣著，心裡自然明白，卻佯作不知，坐下來就唉聲嘆氣，一副悶悶不樂的樣子。

佛印感到奇怪。他素知東坡是個樂天派，笑臉常開，可今天怎麼啦？不由得關切起來：「大詩人，為何愁眉不展呀？」「唉！你有所不知，早上有人出了一個上聯，要我對下聯。整整想了一早，才對出四個字，所以心煩。」佛印半信半疑地問：「不知上聯怎麼寫？」「向陽門第春常在。」

佛印聽了心中好笑，這副對聯早已老掉牙了，誰人不曉，無非存心耍我，且看他葫蘆裡賣的什麼藥，於是也若無其事地往下問：「那麼，對出哪四個字呀？」「積——善——人——家……」東坡故意一字一頓地念出來。

佛印不假思索地大聲接著說：「慶——有——餘。」東坡忍不住哈哈大笑：「既然磬（慶）裡有魚（餘），為什麼不拿出來嘗嘗呢。」此時佛印才知中計。接著兩人撫掌大笑，開懷暢飲。

又有一回，東坡吩咐侍妾王朝雲，用薑蔥等配料，做了一盤清蒸鱸魚。剛要舉筷，忽見窗外人影一閃，是佛印來了。心想，這和尚倒有口福，待我也耍他一耍，於是趕緊將魚放到碗櫥上面。

佛印眼尖，早已看在眼裡，只當不知道。東坡笑嘻嘻地招呼佛印上坐，問道：「大師不在禪堂念經，卻來這裡為何？」佛印一本正經地答道：「貧僧有一個字不會寫，今天特來請教。」東坡不知有詐，忙問：「不知是哪個字呢？」「就是你姓蘇的蘇字啊！」東坡眉頭一皺，深知佛印學問淵博，絕對不至於連「蘇」字也不會寫，裡面定有妙趣，但依舊裝作很認真似的回答：「這個蘇字嘛，是上面一個草頭，下面左邊一角魚，右邊一束禾。」

佛印也裝糊塗地問：「啊，是這樣！要是把那條魚放在上頭呢？」東坡忙說：「那可不行！」佛印哈哈大笑，指指碗櫥說：「既然不能放在上頭，那還不趕快拿下來啊！」東坡這才恍然大悟，也跟著哈哈大笑起來。

現在年輕人之間常互發訊息戲謔，比如稱對方為小豬、豬頭、傻瓜等純粹的調侃，但只能限於關係親密的朋友或戀人之間，否則很容易引起對方不快。

為自己常做幽默深呼吸

幽默有時讓人感到神祕，有人想學，卻無法學會；有人沒怎麼學，卻脫口而出。那麼，幽默是不是與生俱來、天賦而生的呢？其實，幽默是人的獨特性情氣質，是人的本能，是人的一種生活心態。應該說，只要願意，每個人都能具有這種心態。

前面說過幽默的談吐是建立在說話者思想健康、情趣高尚的基礎上的，當它用於對人提出善意的批評和規勸時，它必然要求批評者有較高的思想境界和較高的涵養性。一個心地狹窄，思想頹唐的人是不會有幽默感的。幽默永遠屬於那些熱心腸的人，屬於那些生活強者。幽默者品德要高尚，要心寬氣朗，對人充滿熱情。

性格樂觀豁達的人，他們的眼裡總是閃爍著愉快的光芒；他們的處世方式總顯得歡快、達觀、朝氣蓬勃；他們的心中總是充滿陽光。當然，他們也會有精神痛苦、心煩意亂的時候，但他們不同於別人的，就是他們總能無怨地面對這種痛苦，從來就沒有抱怨，沒有憂傷。他們知道與其抱怨和詛咒，倒不如努力去改變這種局面更有效，因此，他們更不會為此而浪費自己寶貴的精力，而是拾起生命道路上的花朵，奮勇前行。

有人把具有樂觀性格的人比喻成一股永不枯竭的清泉，也有人把樂觀的人稱為蔚藍的天空。有人卻說樂觀的人如同一首永無止境的歡歌，使人的靈魂得以寧靜，精力得以恢復。

具有樂觀性格的人眼睛裡流露出來的光彩，能使整個世界都流光溢彩。在這種光彩之下，寒冷會變成溫暖；艱苦會變成舒適。無論在什麼時候，他們都能讓人感到光明、美麗和快樂的生活就在身邊。這種個性使智慧更加熠熠生輝，使美麗更加迷人燦爛。而生活在光明、美麗、快樂、智

慧之中的人，其人格的魅力又有誰能夠抗拒呢？

　　人生的目的之一便是尋求快樂，而且這種快樂並不在未來而是現在。很多人不快樂，因為他們總是企圖按照一個難以實現的計畫而生活。他們現在不是在享受，而是在等待將來發生的事情。他們以為等到自己找到好工作之後，買下房子以後，孩子大學畢業以後，完成某個任務或取得某種成功以後，性格就會快樂起來。可惜，這種人大都以失望告終。快樂的性格實際上是一種心理習慣，一種心理態度，如果不是現在就加以了解和實踐，也許將來永遠體會不到。如果你想要自己也擁有快樂的性格，你現在就快樂吧，但是絕不能「有條件」地快樂。

　　同一件事，從不同的角度去看就會產生不同的效果，這裡面就是對生活態度的問題。具有樂觀性格的人總是從樂觀的角度去看問題的。培養幽默感，就要從積極的角度去看問題，這才會有善意的批評和富於同情心的幽默。

　　一個人如果總是背著沉重的精神包袱，整天憂慮重重，悲觀失望，他就不會熱愛生活，也絕不會有什麼幽默可言。幽默有時要像空氣，在生活中無孔不入，才能真正發揮效果。

　　如果一曝十寒，平時壓根就忘了幽默為何物，久久才突然警醒一次，急著找樂趣，那麼很容易會發現已腐朽的心情不知該如何重返快樂江湖，只會讓人更挫折、沮喪不已。

　　所以，幽默感這檔事，可千萬不能「上個月沒來，這個月沒來，下個月也不會來」。

　　事實上，你得把情況經營成「昨天有來，今天有來，天天都會來」。

　　怎麼做，才能確保它會來呢？

　　每天請為自己各做一次幽默深呼吸。

第八章　沒有幽默細胞怎麼辦

　　方法則是打開自己的趣味百寶箱，其中收集了各式各樣的幽默，例如你曾聽過、看過的爆笑笑話、有趣的漫畫；或是自己曾經出過的醜、拍過的滑稽照片等等，在這個獨具你個人風格的趣味百寶箱裡再尋一次寶。

　　每天不管心情如何，都應該停下生活腳步，打開你的趣味百寶箱，重新體會一下幽默所帶來的輕鬆愉悅，讓自己全身上下沉浸在快樂之中，這樣就等於是做了個幽默深呼吸。

　　常常如此做幽默深呼吸的好處，除了讓臉上僵硬的線變成微笑之外，更能隨時提醒自己，還能用別的角度來看世界，把快要泯滅的愉快心情重新找回來。

　　想到你的百寶箱中要放些什麼了嗎？

多向他人學習

　　要使自己的語言具有幽默感，一個很有效的辦法便是多向他人學習運用幽默的能力。在我們周圍不乏頗富幽默感的人，我們可以在和他們接觸，跟他們聊天，與他們互動的過程中，注意學習他人的做法，以增強自己運用幽默能力的庫存和感受他人幽默的「傳染」。

- 注意聽別人講的趣事，從家人、同事、親朋好友那裡收集幽默題材。當你豎起耳朵凝神靜聽的時候，許多同事、親友以及交談者都的確是你的好老師，在你工作上和生活上所接觸到的人都會是你提高幽默性格有益的好老師。
- 在注意從他人那裡吸收對生活周圍所發生的幽默的同時，再由此發揮你自己的幽默力量，把別人的幽默實例變成你自己的幽默中的一部分。

．注意觀看或欣賞各種文藝表演中的經典片段，包括電影、相聲、小品等的表演，擷取其中饒有趣味的妙語，把它們稍加改變便可以應用到你自己的幽默個性和生活方式中。特別是這些幽默的素材，往往是大家所熟悉的，使用起來效果十分的好。

．從書本上學習一些幽默的方法和技巧，系統地掌握幽默的基礎知識。關於這方面的知識我們在本書以後的各章內容中都會作比較詳盡的論述。

此外，我們還可以多看一些經典的喜劇和相聲小品。任何一則幽默小品或笑話，幾乎都不太可能是完完全全的原創之作，往往是具有幽默力量的人常以借用或改編他人的幽默作品或方式而重新整合出來的。因此，你大可不必為借用他人的幽默而感到不安，當你從他人那裡學到幽默的方法，就該好好地運用它幾次，而後你就能熟練地掌握它了。你需要努力的只是把一則大家熟知的幽默故事，一句著名的風趣格言，或是一則老掉牙的笑話注入新的生命，用在新的場合。

打造自己的幽默風格

在向他人學習的同時，假如你還能培養出自己幽默的風格，使其獨樹一幟，那麼對你的人際關係來說，將會使之變得格外順滑流暢。

一個人的幽默方式應該有自己的風格，這樣才更容易吸引別人，並產生應有的魅力。同樣，如果你想讓幽默改善你與別人的人際關係，那麼，你的說話風格必須有某種獨特的地方，以便引起人們的注意，或者使人們容易記住你。你雖然可以利用自己的長相，或身體的某種特殊之處來引起別人注意，但那只能是暫時的，也是遠遠不夠的，它只能幫助你引起人們

第八章　沒有幽默細胞怎麼辦

暫時的注意，而不能真正吸引人們。除非你有偉大人物的那種超凡的魅力，否則你必須培養出自己幽默的風格，這才是使你讓別人不忘和容易與別人相處的最好方法。

據說美國的愛荷華州西哥尼市的凱歐庫克旅館是方圓幾十里的流動推銷員最愛去的地方，他們不管遠近都想到那裡去投宿。為什麼呢？因為那裡的店老闆，人稱「快樂的韋勒」，是一位笑口常開的人。他對誰都能說上幾句好聽的話，自從人們認識他這麼多年以來，從來沒有聽到他對誰說過一句不順耳的話。韋勒有他與眾不同的地方，說話有他自己獨特的風格。後來他成功了，成為當地有名的富翁。

在日常生活中與人互動的時候，能表現出自己自然的風格是上策，但要努力發展你自己的獨特風格，而不是去發展別人的獨特風格。有些人，當他們與別人談話時，認為自己有必要裝腔作勢，或者是戴上一副假面具；有些人試圖表現得很友善，有的時候甚至表現出媚態；有些人急功近利，就像做電視商業廣告一樣。這些人的失誤在於他們表現的都不是他們自己的本色，自然得不到別人的信任。要有自己的個性，你看到的我是什麼樣，我就是什麼樣，不管你喜歡不喜歡，但你總會相信跟你互動的那個人是真實的，不是假冒的。無論對也好，錯也好，都要真誠地對待每一個人。因此，只要掌握好與人互動的分寸和原則，總會受到別人的喜歡，從而慢慢養成自己與人互動的幽默風格，因為你用真誠的自我與別人互動，就是用自己的風格和別人說話。

第九章

現學現用的經典幽默

幽默的養成，是一個由內而外的漸進過程，並沒有什麼捷徑可走。看幾本有關幽默的書，或讀一些幽默小故事，不能保證你立即就變成了一個幽默的人。不過，就像所謂的「熟讀唐詩三百首，不會吟詩也會吟」，多看多讀多體會總是有好處的。

在本章，編者將介紹一些經典的小幽默給讀者。這些幽默可以稱之為「內在哲學式的幽默」。這些有趣的小幽默以極其人性化及溫馨的方式出現，能在潤物細無聲中給人帶來啟發和思考，讓人產生一種有如佛教所說的「頓悟」。

可以說，本章所選取的幽默，是一種高層次的幽默，能帶給周圍的人一種更深度、更高層的啟發與激勵，而不是落入無聊的調侃或淫穢猥褻的笑話中。這些幽默中的一些知識也許您已經聽說過，但您或許只是僅僅將其當成笑話，一笑而過而已，並不知道我們其實可以將這些幽默運用到實際的人際互動之中，以改善我們的人際關係。

編者在此精選的幽默之所以冠以「現學現用」作為定語，是希望讀者在遇到人際互動的瓶頸、溝通的障礙或說服的難關時，能想起這些幽默，並運用這些幽默。或者你遇到了人際互動的麻煩不知道如何處理，也可以把本書作為「工具書」，按圖索驥，找到其對應的妥善解決方法。

如果有人老喜歡反對你

有時，我們身邊會有這樣的人，不管什麼事，不分青紅皂白，對我們所做的事總是一概反對。對於這些為反對而反對的人，我們可以選擇據理力爭。但這太耗費精力，有時也容易中別人的圈套而陷入一場無休止的辯論中，說不定別人正是想用這種方法來消遣你。

怎麼辦？

—— 不要與其正面爭執或衝突，找一個他無理取鬧的反對機會，對著他笑一笑，告訴他：

「我不久前在書上看到一則有趣的幽默，在科學家富爾頓（Robert Fulton）第一次公開展示他發明的蒸汽船時，沒有人相信這東西動得起來。有些觀看的人不斷鼓噪說：『動不了，動不了，絕對動不了！』沒想到船竟然一下子發動了，拖著美麗的蒸汽尾巴一路向前駛去。那些原先斷定『絕對動不了』的人見狀，馬上改口說：『停不了，停不了，絕對停不了！』」

講完這個幽默，你可以停頓片刻，如果對方若有所悟，則就此休戰。如果對方還不明白，你可以接著說一句：「對於那些喜歡反對的人來說，從來就不需要什麼理由，因為反對已經成為了他們的習慣。」相信這記漂亮的幽默勾拳，既不會傷及彼此的面子，又會讓對方有所檢討與收斂，同時也顯示出了你個人的能力、魅力與毅力 —— 因為他的反對沒有用。

值得注意的是，這種幽默僅僅針對於那些不講道理、喜歡胡亂反對的少數人，對於大多數對我們的異議者，我們都應該虛心請教、認真探討而不是反擊。

做事的方法是否正確

做事要有方法，沒有找到正確的方法常常會事倍功半。如果你是單位的主管，而你手下的某個員工做事不怎麼得力。這時你該怎麼辦？開除他？痛罵他？放任他？……

還是先教育他吧，他的問題不是出在工作態度上，只是工作的方法不太對，或許還有很大的提升空間。不過教育有教育的方法，透過幽默作為開場白無疑是一個非常輕鬆愉快的教育方式：

「張三在牛奶場找到一份工作。第一天上班，老闆給他一隻桶和一張板凳讓他去牛奶棚擠奶，他快樂地領命而去。下班的時候，老闆見他被濺了滿身的牛奶，而且那張板凳腿也斷了，就問他：『怎麼樣，工作很難嗎？』他哭喪著臉答道：『擠奶倒不難，難的是讓牛坐到凳子上去。』」

講完這個幽默後，照樣是要停頓片刻，給對方消化領悟留點時間。然後，輕聲地問對方：「想一想，你是不是在工作方法上出現了錯誤？」然後你和下屬坐下來，共同探討與分析對方工作不得力的原因在哪裡？

這個幽默開場白非常適合主管對部下說，以及家長對孩子說，或者在演講中為了闡述某個道理（如命令與執行）時說。

想一想，能有這樣和風細雨的上級主管，被領導者如何不會懷著莫大的興趣與感激努力學習？

假設對方沒有目標

老周的兒子今年大學畢業，兒子對前途沒有半點規劃，一副無所謂的樣子，認為只要有了錢就可以有了一切。老周則給兒子講了下面這則幽默的順口溜啟發他。

錢可以買到房子，但買不到家；
錢可以買到床鋪，但買不到睡眠；
錢可以買到鐘錶，但買不到時間；
錢可以買到書本，但買不到知識；
錢可以買到職位，但買不到尊敬；
錢可以買到藥品，但買不到健康；
錢可以買到血液，但買不到生命；
錢可以買到性，但買不到愛。

說完故事後，老周用關切的目光注視著兒子。兒子終於慚愧地低下了頭。這個故事不光父母親可以對孩子說，長官也可以對下屬說，朋友之間也可以藉此互相提醒。

「對於沒有航向的輪船來說，任何風都不是順風」 —— 這句名言可作為上面的小故事的最佳注釋。沒有奮鬥的方向，就會活得懵懵懂懂、混混沌沌；準確地掌握自己的喜好和追求，是走向成功的第一步。人生有了明確的目標，就會有前進的動力；有了目標，內心的力量才會找到方向。人生就是大海上的一條帆船，在洶湧澎湃的浪濤中如何才能達到勝利的彼岸？有經驗的老水手會告訴你，無論在什麼樣的地域裡航海，在海岸的某一個地方，永遠都有一樣東西會為你指引正確的方向 —— 那就是羅盤。

確定一個可以實現的目標，然後不斷地向其靠近，正如古語所言，無論抓在手裡的是什麼，別忘了最終的結果，那你就不會失去什麼了。當然，人們在實現自己目標的過程中，很可能會遇到各式各樣的挫折和困難，所以要進行成功路上的方向修正，因為對於正在跋山涉水的人來說，最重要的不是憂慮目標有多遙遠，而是要學會對準目標，然後再一步一步地走下去。

說服不夠勤奮的人

曾國藩是中國近代史上很有影響的人物之一，然而他小時候的天賦並不高。有一天在家讀書，一篇文章重複了不知道多少遍還在朗讀，因為他還沒有背下來。這時候他家來了一個小偷，潛伏在他的屋簷下，希望等讀書人睡覺之後撈點好處。可是等啊等，就是不見睡覺，還是翻來覆去地朗讀那篇文章。

小偷大怒，跳出來訓斥說：「你這麼笨，還讀什麼書？」

然後小偷就將那文章背誦一遍，揚長而去！

小偷的確是很聰明，至少比曾國藩聰明，但是他只能成為賊，而曾國藩卻成為中國近代史上卓越的人物。

「勤能補拙是良訓，一分辛苦一分才。」任何一件事情，只要勤奮做到極致，自然就會有所得 —— 所謂「天道酬勤」，就是這個道理。沒有人能只依靠天分就取得成功，勤奮才是最重要的。小偷再聰明，但他不勤奮，所以只能過著竊盜生活，最後不知所終。

如果你所面對的是一個懶惰的人，用這則幽默來警醒他真是再貼切不過了。

說服妄想一步登天的人

浮躁已成為社會中不和諧的一個音符。一些剛走出校門的大學生，不願從基層做起，沒有任何實際經驗的支撐，卻妄想有一個炫目的職位。一些從事企業的人，不願意從小做大，妄想透過各種「運作」迅速膨脹。

不積跬步，無以至千里。任何偉大的事業，輝煌的成就都是由無數具體的、細小的、平凡的工作累積的。不願意做平凡工作的人，很難成大事。世間沒有突然的成功，成功大多來自進量微小而又不間斷地前進。對於那些總想一步登天的人，我們有必要透過這個幽默來給他們敲個警鐘。

有個大富翁到另一個富翁的家裡做客，看見一座三層的樓房，樓房又高又大，富麗堂皇，寬敞明亮，他十分羨慕，心裡想：「我的錢財並不比他少，為什麼我的樓房沒有他的好，以前我怎麼就沒想到造一座這樣的樓呢？」

回到家裡，他立刻召喚來工匠，問道：「你能不能照著那家的樣子幫我建造一座漂亮的樓？」

工匠回答說：「沒問題，他家的那座樓就是我造的。」

大富翁便說：「那你現在就為我造一座像他家那樣富麗堂皇的樓吧！」

於是工匠開始量地基，砌磚，造樓。

大富翁看見木匠砌磚，心生疑惑，不曉得這是怎麼一回事，就問工匠：「你這是打算造什麼？」工匠回答道：「造你要的三層樓房呀！」

大富翁有點急了，對工匠說道：「我不要下面的兩層，我只要最上面的那層，你就給我造最上面的那一層吧。」

工匠答道：「沒這樣的事！哪有不造最底下一層就造第二層的？不造第二層樓又怎麼談得上造第三層樓呢？」

這個愚蠢的富翁固執地說：「我就是不要下面的兩樓，你一定得給我造出最上一層樓！」

佛家有一偈日：「無基不為樓，事無僥倖成；欲證如來果，當把根本修。」是的，一棵樹最初必由一粒種子，落土發芽生根慢慢長大而成。一個人的知識學問也是從小一字一句地讀書，慢慢累積而成。樹有根，水有源，可是世間又有多少人懂得這個道理呢？否則又怎麼會有這麼多的人奢望空中樓閣？

好高騖遠的人總想一步登天，這實際上是不可能的。就像精巧的工匠造不出沒有根基的樓閣一樣，任何的成功也沒有什麼技巧，唯一的訣竅就是腳踏實地、按部就班、實實在在地做事。任何事情，都必須腳踏實地。萬丈高樓平地起，光顧著羨慕美麗的樓閣，卻不知道它是由一磚一磚砌起的，它的成功源於腳踏實地。

說服生搬硬套的人

一個漁夫去河邊釣魚，他在河邊被一群猴子圍了起來。

猴子們問：「你用什麼釣魚呀？」

漁夫開玩笑說：「用猴腸。」

猴子們大發脾氣，撲上來要打死漁夫。漁夫一看情況不妙，立刻躺在地上裝死。猴子們看到漁夫一動也不動，紛紛地喊著：「他死了，我們把他送到公墓裡去！是送到金墓去？還是送到銀墓或瘋瘋病人的公墓去？」

「把他送到銀墓中去。」一隻老猴子說。

於是，猴子們把漁夫抬到了銀墓中，在他身上扔了些銀白色的銀塊就走了。

過了一會兒，漁夫從銀墓中爬出來，在衣袋裡裝滿銀子，回到了村裡。從那天起，漁夫過起了好日子。一天，漁夫的一位鄰居問他：「你是怎麼發的財？」漁夫把經過情形告訴了他。這個鄰居聽後，馬上也跑到河邊去釣魚。這時，猴子們又來了。

「你用什麼釣魚呀？」猴子們問。

「用猴腸。」

猴子們又發起火來，提起棍子就狠狠地打了這個人一頓。漁夫的鄰居也躺在地上裝死。猴子們見他死了，就叫喊著說：「把他抬到哪個公墓去？是金墓？還是銀墓或瘋瘋病墓？」

「把他抬到瘋瘋病墓去！」一隻老猴子說。

漁夫的鄰居一聽就急了，他說：「啊，那不行，把我抬到金墓去吧！至少也得把我抬到銀墓去！」

猴子們一看死人怎麼還說話，覺得奇怪。牠們說：「看來，我們還沒把他完全打死。再狠狠地打！」

後來，猴子們真的把漁夫的鄰居打死了，牠們把這人埋進了癲瘋病墓裡。

你是你，別人是別人。別人能透過努力或幸運獲得了成功和財富，但你用同樣的方法卻不一定能。

針對疏於學習的人

王財主到私塾去求見先生，想送他兒子到私塾讀書。

先生回答說：「很好。只是你要交二兩銀子的學費。」

「什麼，二兩銀子？這麼多呀！我可以用它買一頭豬了。」

先生回答說：「是的，不過若你真用這二兩銀子去買豬而不讓孩子讀書，那你們家就會有兩頭豬了。」

不讀書的孩子是一頭「豬」，這話雖說得有點傷人，但道理上還是站得住腳的。

其實，不光孩子要上學讀書，已從學校畢業的人也仍然需要繼續讀書。知識的更新速度日益加劇，不注意時刻學習的人，用不了三五年就會跟不上時代的步伐。

程頤說：「外物之味，久則可厭；讀書之味，愈久愈深。」張竹坡說：「讀到喜怒俱忘，是大樂處。」陸雲士說：「讀《三國志》，無人不為劉；讀《南宋書》，無人不冤嶽。庸人不知其怒處亦樂處耳。怒而能樂，惟善讀史者知之。」蘇東坡說：「腹有詩書氣自華。」衣著，賦予你外在的美；讀書，才能給你氣質的美。擁有了書，生命也就有了寄託。

以上的幽默，可以分享給不好好讀書的在校學生以及走出校門就放任專業荒蕪的人。

勸解整天瞎忙的人

有些人似乎閒不住，整天不是忙碌這個就是折騰那個。你若問他：「最近閒嗎？」他準會丟出一個字：「忙！」而當你追問他為什麼在忙時，他已經走出了五步開外了，只是匆匆地再丟給了你兩個字：「瞎忙！」

當然，很多時候所謂的「瞎忙」其實是一種謙虛。但真喜歡瞎忙的人也不少，不信你先看看下面這個瞎忙的人。

從前，有個商人借給了別人半文錢，那人很久沒有償還，他便前去討債。

討債的路上有一條大河，乘船過渡要花兩文錢。到了對岸跑上門討債，竟然連人也沒有見著。這個商人只好返回來，過河時還得再花兩文錢。這樣，為了半文錢的債，他卻花去了四文錢，而且往返奔波，弄得疲憊不堪。

忙碌之餘，最好坐下來算算帳：你起早貪黑究竟是為了什麼？你所追求的值不值得你如此付出？

如果像那個商人那樣為了半文錢的債，「賠了夫人又折兵」，還不如將精力放在如何多賺幾文錢上；或者，乾脆坐下來，喝一杯茶悠閒一下。

這個幽默只能針對親近的人來說，因為只有親近的人，你才能知道對方到底是不是在「瞎忙」。外人的「忙」你只能看到表象而看不到實質，而且也不應該管。同時，應該提醒讀者注意的是：如果是為了正事而忙，就不要去阻攔對方了，你應該做的是：幫助他或支持他。至於如何分辨是不是「瞎忙」，編者在此還真的不能給個統一的標準，只能由各位自己根據實際情況謹慎斟酌了。

針對貪多求飽的人

從前，有一個書呆子到別人家去做客。主人請他吃飯，他嫌菜沒有味道。主人聽說後，便往菜裡加了點鹽。

菜加了鹽以後，味道鮮美多了。書呆子嘗了嘗，自言自語地說：「菜之所以鮮美，是因為有了鹽。加一點點鹽就如此鮮美，如果加更多的鹽，豈不是更加好吃？」

回到家以後，書呆子便抓了一把鹽直接放進嘴裡，吃了以後，又苦又鹹，弄得口舌都失去味覺。

凡事都有一個度，一超過了度，就有「過猶不及」的後果。

針對耳根子軟的人

有些人耳根子特軟，別人說什麼他就聽什麼信什麼。對這些人，應該跟他講以下這則幽默。希望耳根子軟的人能夠有選擇性地聽別人的話。

有個老人和他的兒子牽著他們的驢到附近的集市上去賣。剛走了不遠，他們看見一群又說又笑的婦女聚在井邊，其中一個喊道：「看啊，你們有見過這麼傻的人嗎，有驢不騎，卻自己在路上走。」

老人聽了這話，急忙讓他的兒子騎上驢，自己高興地走在他身邊。然而，當他們經過一位老者時，老者說：「現在的人怎麼會是這樣孝敬老人的？兒子騎著驢，而他年老的父親卻得走路！」

聽了這話後，老人只好讓他的兒子下來，自己騎上去。他們這樣走了還沒有幾哩路，又碰到一群婦女和孩子。幾個婦女立刻喊起來：「嘿，你這懶惰的父親，怎麼能夠自己騎驢，讓那個可憐的兒子在身邊走？他簡直都快趕不上了！」

忐忑不安的老人立刻把兒子抱上驢坐到他身旁。這時候,他們來到了集市的城門口。一個問:「老先生,那頭驢是你自己的嗎?」老人說:「是的。」那人說:「噢,這種騎法沒人會做得出來,看看你們兩個人有多重,都快要把驢壓垮了。」

　　老人急忙和兒子一起從驢背上下來,站在地上不知如何是好。想了半天,老人覺得現在只有唯一的辦法:把驢的四條腿捆在一起,兩人用一根棍子把驢抬起來走路。他們花了很大力氣才制服了驢子,然後抬著牠又上路。經過城門口的一座橋時,他們可笑的行為惹得人們圍過來哈哈大笑。驢不高興這吵鬧聲,也享受不了這種被抬著走的奇怪方式,就掙脫了綁住牠的繩子,翻身掙扎下來,但卻掉進河裡去了。

　　老人又羞又怒,趕快轉身回家。這時他才終於明白了一個道理:要想讓人人都高興,結果只會誰都不高興,外加失去了自己的驢。

　　這個幽默聽上去似乎很荒唐,可是,在現實生活中我們經常會遇到老人那樣的境遇。如果一個人沒有獨立思考的能力,很容易像那個老人那樣,別人一開口就會變得驚慌失措,沒有了主見。所以說,年輕人學會培養自己獨立思考問題、獨立解決問題的能力才是立足於世的必然條件。

　　聽取和尊重別人的意見固然重要,但無論何時都千萬不要人云亦云,更不要亂了方寸而不知所措,做了別人意見的傀儡,否則你不但會在左右搖擺中身心疲憊,失去許多的成功機會,有時甚至還會失去自己。做自己認為對的事,成為自己想成為的人,無論成敗與否,你都會獲得一種無與倫比的成就感和自我歸屬感。正如但丁(Dante Alighieri)的那句眾所周知的豪言:「走自己的路,讓別人說去吧!」

敬告見好不懂收的人

一位年輕人，懷著美麗的憧憬來到大都市，但發現理想與現實的差距太大了，終於身無分文，成為一個沿街流浪的乞丐。他每天總在想，假如我手頭要有 1,000 元就好了。一天，這個乞丐無意中發現了一隻跑丟的很可愛的小狗，乞丐發現四周沒人，便把狗抱回了他的住處拴了起來。

這隻狗的主人竟然是本市有名的大富翁。這位富翁丟狗後十分著急，因為這是一隻純正的名犬。於是他就以各種形式發出尋狗啟事：拾到者請速還，即付賞金 2 萬元。

第二天，乞丐沿街乞討時，看到這則啟事，便迫不及待地跑回去抱著小狗準備去領那兩萬元賞金，可當他匆匆忙忙地抱著狗路過張貼啟事處時，發現啟事上的賞金已變成了 3 萬元。原來，大富翁尋狗不著，把賞金提高到了 3 萬元。

乞丐似乎不相信自己的眼睛，向前走的腳步突然間停了下來，想了想又轉身將狗抱回去重新拴了起來。第三天，賞金果然又漲了，第四天又漲了，直到第七天，賞金漲到了讓一般人都感到驚訝的數字時，乞丐這才想起跑回去抱狗，然而小狗卻死了。

最終，乞丐還是乞丐。

人生在世，許多美好的東西並不是無緣得到，而是我們的期望值太高。記得電影裡面有句臺詞：「期望太大，恐怕騎虎難下。」這話確實有一定的道理。而今，類似乞丐心理的人不在少數。譬如炒股，大家都知道要低開高拋，卻常常忘了該出手時就出手，漲了還想漲，跌了還望跌，夢想一步登天，當斷不斷，結果功虧一簣，每每煮熟的鴨子就那麼飛走了。

開導疑心很重的人

天下本無事，庸人自擾之。猜疑常常平白無故地惹出一些令人費解的事端。好猜疑之人，不只一味心思地去揣測、懷疑別人，而且也會經常捕風捉影般地猜疑自己，就像杞人憂天般地擔憂災難即將臨頭。

丈夫老猜疑妻子不忠，老闆總猜疑員工偷懶……如此種種，搞得這個世界雞飛狗跳，人人不得安生。如果你陷入了被猜疑之中，不妨給猜疑你的人先講一個幽默，再開導開導對方，讓其放開心胸些，世界沒有他想像的那麼黑暗，人也沒有他想像的那麼壞。

大烏龜和小烏龜在一起喝酒。大烏龜喝完自己的一份後，就對小烏龜說：「你去外面幫我買一瓶酒。」

小烏龜剛走兩步，就不走了，回頭說：「你肯定是支走我出去後，要把我的酒喝掉！」

「這怎麼可能？你是在幫助我啊！」

經大烏龜一再保證，小烏龜終於同意外出買酒。

1個小時過去了，大烏龜耐心等著……2個小時過去了，小烏龜還沒有來……

3個小時過去了，小烏龜仍然未見回來。這時，大烏龜想：「小烏龜肯定不會回來了。牠一個人在外面喝酒。怎麼會回來呢？我乾脆把牠這一份喝了！」

大烏龜剛端起小烏龜的酒杯，小烏龜就像從天而降地站在大烏龜面前。小烏龜氣沖沖地說：

「我早就知道，你要喝我的酒！」

「你怎麼會知道呢？」大烏龜尷尬而不解地問。

「哼！」小烏龜氣憤地說，「我在門外已經站了3個小時了！」

這就是消極論斷，驗證自我，根據自己的猜疑、臆測，主動尋找支持消極心態的理由和證據。

在現實生活中，這樣的事隨時隨地都在發生，而我們往往不以為然。比如聽說有人打自己的小報告，首先就會懷疑某人（消極論斷別人），然後觀察、監視，越看越像（驗證自我），你會發現那個「嫌疑」人說話走路都與以前不同了（實際是自我心態在作祟，是自己的精神、眼光、動作與以前不同了），還會進一步驗證，「當然啦！他昨天從我對面走過，連頭都不敢抬。他在躲我，肯定是做賊心虛了！」而結果往往是自己錯的時候多。

「猜疑之心猶如蝙蝠，總是在黑暗中起飛」歐洲文藝復興時期的偉大詩人但丁就曾如是說。猜疑之心令人迷惑，亂人心智，甚至有時使你分不清敵與友的面孔，混淆了是與非的界線，使自己的家庭和事業遭受無端的損害和失敗。

相信別人，相信自己，相信這個世界，走出神經質和絕對化的陰影，這樣你才會擁有一份輕鬆快樂的心情，你才會擁有和諧完美的人生。

針對優柔寡斷的人

一位婦女到市中心的百貨商店買靴子。她看了顏色看樣式，看了樣式看光澤，挑挑揀揀，最後終於下定決心：「請把我最先看過的那雙靴子拿給我。」

「是哪一雙？是不是紅的那雙？」

「比紅的那雙看得更早！」

「黃的那雙？」

「不，還要早！」

「哦，你要的是褐色繡花的？」見婦人點了點頭，店員抱歉地說，「它早在兩個星期前就賣完了最後一雙。」

有些人做決定總是猶豫，以至機會錯失。對於這類人，與其大講道理，不妨用幽默來規勸他。或者，在講大道理之前，先由幽默切入，效果會比光講大道理有效得多。

針對做事有始無終的人

一名老太太的愛貓被困在樹上，員警毅然相助，把貓救下。老太太千恩萬謝，旁觀者也鼓掌致意。

不料，在員警洋洋得意地開車離去時，因將注意力集中在感謝他的人，竟把貓碾死了。

這個幽默告訴我們，開車要集中精力 —— 這個結論估計是幼稚園小朋友歸納的。我的歸納是：凡事要注意善始善終。

針對行事貿然的人

你的馬那次病了，你給牠吃的是什麼藥？

松節油。

（過了幾天，他們又相遇了）

你上次說給馬吃的是什麼？

松節油。

那我的馬吃了松節油，牠怎麼死了？

我的馬也死了。

一知半解就貿然採取行動，長此以往，你損失的豈止是一匹馬？

還有一個同樣有意思的幽默：

一個波蘭人看到朋友穿了一雙鱷魚皮鞋，大為羨慕。一問之下，價錢昂貴非凡，他便決定自己去獵殺一隻鱷魚。

他找到一個沼澤，跳下水去和一隻鱷魚惡鬥許久，好不容易才把鱷魚拖上岸，卻大嘆一口氣道：「浪費了那麼多時間，捉上來的鱷魚竟然沒穿鞋。」

對於凡事不求甚解就貿然行動的人，付出與回報是很難成正比的。甚至，有時候付出與回報會成反比。付出越多，得到越少，因為你走的是反方向。

當你愛莫能助時

在人際互動時，我們要發揮互助友愛的精神，才能讓世界更和諧，關係更融洽，事業更順風。但是，有時候我們沒有把握去幫助他人，面對別人渴求的目光，我們真的不知道該如何拒絕。幫吧，怕自己把事情搞砸；不幫吧，又怕令對方誤會自己小氣。這時，下面的小幽默或許能派上用場。

在郵局大廳內，一位老太太走到一個中年人跟前，客氣地說：「先生，請幫我在明信片上寫上地址好嗎？」

「當然可以。」中年人按老人的要求做了。

「謝謝！」老太太又說：「再幫我寫上一小段話，好嗎？」

「好吧。」中年人照老太太的話寫好後，微笑著問道：「還有什麼要幫忙的嗎？」

「嗯，還有一件小事。」老太太看著明信片說，「麻煩你幫我在下面再加一句：字跡潦草，敬請原諒。」

你若不肯幫忙，人家會恨你一個星期：如果幫得不夠完美……

下次有人請你幫忙而你又沒有把握幫到位時，記住和他講講這個幽默，免得吃力不討好。

針對敏感衝動的人

周小姐下夜班，看見一個男子張著雙手向她走來。

「變態！」周小姐怒罵，並以一記「飛毛腿」準確而又有力地襲向男子的腹部。

只聽嘩啦一聲，男子大叫：「天啊！第三塊玻璃還是沒能拿回家！」

明明是一個拿玻璃的男子，卻被周小姐當成變態。我們無意責怪周小姐的敏感。在特定情況下，當事人難免會產生一些錯誤的判斷。

如果你身邊的人對於一件事出現了錯誤的判斷，而你作為旁觀者看得更清楚。這時，你不妨用這個幽默來善意地提醒他（她），別像故事主角那樣敏感。

此外，這個幽默還可以用在提醒屢犯同一個錯誤卻總是將原因歸於外界的人，別像「變態」那樣不吸取教訓，不去反思（他要是在玻璃上貼個紙片就不會出現第二次和第三次結果了）。聰明的人，是不會第二次掉入同一個陷阱的人。

針對怕這怕那的人

有一個人一直很怕搭飛機，因為他很怕飛機上有人帶手榴彈……

他一直克服不了這層心理障礙，終於去找心理醫生。

醫生給了他一個建議：要他隨身帶一顆手榴彈。

「根據統計，飛機上有一顆手榴彈的機率是一百萬分之一，這是按照數學的機率算出來的，而飛機上同時出現兩顆手榴彈的機率是一億分之一；因此，你這樣子就可以大大地降低你的危險了。」醫生振振有辭。

這個醫生真幽默！對於憂天的杞人，我們實在拿不出什麼證據來說服他們時，也許幽默是最好的武器。

針對說話含糊的人

麥克走進餐館，點了一份湯，服務生馬上給他端了上來。

服務生剛走開，麥克就嚷嚷起來：「對不起，這湯我沒辦法喝。」

服務生重新給他上了一碗湯，他還是說：「對不起，這湯我沒辦法喝。」

服務生只好叫來經理。

經理畢恭畢敬地朝麥克點點頭，說：「先生，這道菜是本店最拿手的，深受顧客歡迎，難道您……」

「我是說，湯匙在哪裡呢？」

話不說明白，難保別人做得不對。對那些說話含糊、不得要領的人，我們可以用這個小幽默來暗示與規勸。

針對得理不饒人的人

我們常說得饒人處且饒人，但真正在現實生活中做到卻有一定難度。為什麼？因為我「占了理」，因此「理直氣壯」。此外，因為自己有理而對方無理，更容易激起自己心中的怒火。當你的親人或朋友在受到不公平的對待而火冒三丈時，快用下面的幽默來幫他滅滅火、消消氣。

飯廳內，一個異常謙恭的人膽怯地碰了碰另一個顧客，那人正在穿一件大衣。

「對不起，請問您是不是皮埃爾先生？」

「不，我不是。」那人回答。

「啊！」他舒了一口氣，「那我沒弄錯，我就是他，您穿了他的大衣。」

理直氣壯，似乎是一件理所應當的事。其實，理直的人，不必一定要氣壯如牛。有理在手，也可以優雅地講理。有理讓三分，世界會和諧與清平多了；得理且讓人也是一種美德。

針對沒有自信的人

一位女士在深夜的高速公路獨自駕車。突然，她發現前方 200 公尺處停著一架軍用飛機，她連忙踩下剎車。

汽車在飛機旁邊停了下來。

「知道這裡是哪裡嗎？」駕機迫降的飛行員問她。

「對……對……對不起，」女士結結巴巴地回答，「我……我不知道我怎麼闖進了機場，我馬上離開這裡。」

說完，女士將方向一轉，汽車來了一個一百八十度的轉彎，朝她來時的方向急馳而去。

沒有自信的人，即使在自己是對的時候，也會疑心自己錯了。用這個幽默給沒有自信的人打打氣吧。

針對不懂變通的人

嚴處長的表姪來找處長，處長不在，司機小方把他帶到一美食城款待。這位表姪是見過世面的人物，一落座就大方地拿起菜單功能表，專挑好菜點，一連叫了十幾道。小方心裡嘀咕道：看不把你撐死。

沒想到這客人貪得無厭，剛喝幾杯酒，又開始想抽菸。他掏出事先準備好的菸盒，將唯一的一根菸遞給小方，故意把空菸盒舉到眼前細看，又慢慢捏扁。

小方忙掏出自己的奉上一支。客人卻不接，說他從不抽這種菸。

小方並非不明白客人的意思，但單位裡最近正整頓風氣，對接待開支做了許多新的規定，包括不准進餐時買菸。

正為難時，卻聽客人靦著臉說：「這樣吧，你先叫小姐拿一條來，帳記到我表叔名上，我日後還給他。」這樣明說了，小方若再裝糊塗，豈不得罪了處長的親戚！只好裝作大方的樣子，叫道：「小姐！給這位先生來條菸！」

一頓飯花去 2,000 多元，小方拿著發票的手有些顫動，但還是硬著頭皮去找嚴處長簽報。嚴處長是個很講原則的人，報銷餐費時總要親審附在發票後面的明細。但他看到上面寫著「菸一條」時，不禁火冒三丈，把小方罵得狗血淋頭。

小方委屈地說：「這菸錢歸我出吧。」

嚴處長頓了頓，說：「既然如此，下不為例，你把明細拿去變通一下！」

小方來到美食城，要求小姐重編明細。小姐說：「把『菸一條』改成『蛇一條』不就好了。」小方豁然釋然，覺得這「變通」真是有意思，

225

雖然菸也是吃，蛇也是吃，把菸改成蛇，就可以報銷了。

　　沒過幾天，小方獨自出夜車。一路上，都有花枝招展的女郎站在路邊朝他招手。小方禁不住誘惑，就在一路邊店前停了車，立即就被一紅嘴女郎纏著走進了神祕之處。瀟灑是瀟灑了，可是代價很高。小方捏著扁扁的錢包，一副懊悔不堪的模樣。女郎說：「可以開發票。」

　　小方眼睛一亮：對啊！何不照嚴處長那樣，也來『變通』一回？但他一個人出差，無論如何也不可能吃飯花那麼多錢，想來想去，就找出一張菸盒紙，叫女郎替他寫「證明」。小方把「證明」交給嚴處長時，誠惶誠恐的，腦袋垂到胸口，準備挨訓。沒想到嚴處長二話沒說，就在那菸盒紙上簽下了「情況屬實，同意報銷。」原來，那「證明」上寫的是：「壓死母豬一頭。」

　　善於逢迎不行，逼真如實也不行，有沒有第三條路？

　　當然有，那就是：在原則允許的範圍內巧妙變通，不過可不是上面諷刺的那樣。

當配偶婚後不再那麼可愛

　　都說男人從戀愛到結婚的過程，是一場「從奴隸到將軍」的劇變與飛躍。其實，這話也未免以偏概全了些。

　　大兵到小羅家裡做客，看見小羅圍著圍裙在廚房裡做飯，大兵感到十分奇怪：「怎麼回事，你自己做飯啦？」

　　「現在我只得自己做飯了。」

　　「為什麼？你的保姆呢？」

　　「她結婚了，現在當了女主人啦。」

　　「是嗎，跟誰結的婚？」

「跟我。」

看吧,也有女人「從僕人到主人」的時候!

其實,夫妻雙方,不管是誰,都不要有「做將軍」的想法與念頭。男女平等最好。如果你的另一半在婚前與婚後判若兩人,不妨用上面的幽默敲打敲打他(她)。當然,這個幽默也不妨用在揶揄某些家庭「煮夫」,一般來說,這不僅不會損害你們之間的友誼,還會使你們的關係更加融洽。

給露出花心跡象的戀人

一對結婚 25 週年的夫妻在慶祝他們六十歲的生日。他們恰好在同一天出生。

慶祝活動中,一位仙女出現了。她說,由於他們是已經結婚 25 年的恩愛夫妻,因此她許給這對夫妻每個人一個願望。

妻子想周遊世界。仙女招了招手。「砰」的一聲,她的手中出現了一張飛機票。

接下來該丈夫許願了。他猶豫片刻,害羞地說「那我想要一位比我年輕 30 歲的女人。」

仙女拿起了魔法仗。「砰!」他變成了 90 歲的老頭。

花心的人,不管男女,常常是搬起石頭砸了自己的腳。如果你的那個「他」或「她」有花心的苗頭,不妨用這個幽默作為規勸的切入點。但要提醒大家的是:切記不要瞎懷疑。

遭受不白之冤時

一位夫人打電話給自己住宅的建築師，說每當火車經過時，她的席夢思睡床就會搖動。

「這簡直是無稽之談！」建築師回答說，「我來看看。」

建築師到達後，夫人建議他躺在床上，體會一下火車經過時的感覺。

建築師剛上床躺下，夫人的丈夫就回來了。他見此情形，便厲聲喝問：「你躺在我妻子的床上幹什麼？」

建築師戰戰兢兢地回答：「我說是在等火車，你會相信嗎？」

當你遭受了百口莫辯的冤枉時，真是不知道該辯解還是不辯解。就像上面被「捉姦在床」的可憐老兄一樣，辯解吧，不知道從何說起；不辯解吧，似乎那不白之冤就此坐實。反正是左也難右也難。

總之：很難，那就複述上面這則短小的幽默故事吧。有些話是真的，卻聽上去很假；有些話是假的，卻令人深信不疑。因此，不要太相信自己的主觀判斷，特別是在重大的事情面前，一定要調查清楚事實再下結論。

不解風情的男人也可愛

理想的男人，當然是懂得些浪漫與風情。一個不解風情的木頭男人，常常是得不到女孩的垂青的。因此，我們經常看到那些到處拈花惹草的風情男人，反而更受到女孩子們的喜歡，因為他們懂風情。如果你的女友或妻子也埋怨你不解風情，是一根木頭，不要生氣，也不要刻意改變自己，先和她說一個小故事。

英國紳士與法國女人同乘一個包廂，女人想引誘這個英國人，她脫衣躺下後就抱怨身上發冷。

紳士把自己的被子給了她,她還是不停地說冷。

「我還能怎麼幫助你呢?」紳士沮喪地問道。

「我小時候媽媽總是用自己的身體給我取暖。」

「小姐,這我就愛莫能助了,我總不能跳下火車去找你的媽媽吧。」

善解風情的男人是好男人,前提是他的風情只對你「解」。不解風情的男人也是好男人,因為他永遠也不會將風情「解」下送給別人。不光是男人,其實對於女人來說,解不解風情的道理皆是如此。因此,不解風情的女人也可以將這個幽默對「他」講一講,以爭取理解,共建甜蜜。

如果諾言已經隨風而去

鷹十分憂傷地停在一棵樹的枝頭上。鷂子和她在一起,問她說:「我看你這樣愁容滿面的樣子是為了什麼啊?」

鷹回答說:「我想找一個合適的伴侶,但是找不到。」

鷂子回答她:「讓我作為你的伴侶吧,我比你有力氣多了。」

「你捉東西能保證養活大家嗎?」

「嗯,我用我的爪子常常能捉住鴕鳥並把他抓走。」

鷹被他的話說動心了,接受了鷂子做自己的伴侶。

婚後不久,鷹說:「飛去把你答應過給我的鴕鳥抓回來吧。」鷂子飛上天空,接著抓回來一隻小得不能再小的老鼠,而且因為在地裡死了太久都發臭了。

鷹質問說:「這就是你對我的諾言嗎?」

鷂子卻回答:「為了能向高貴的你求婚,我沒有什麼事情不能答應,儘管我知道我肯定做不到。」

朋友失戀了,正處於極度的憂傷與憤怒之中。作為密友的你,用這個

幽默去開導開導她（他）吧。花前月下，盡是情人們的山盟海誓。為了得到情人的心，人們絞盡腦汁。然而，山還是那座山，海還是那個海，多少許過諾的戀人卻早已決裂！

「我後悔當初不該相信他的諾言……」一個叫若蘭的女子哭訴著說。誰能給她什麼安慰呢？畢竟，愛情本身沒有錯，在愛情的煎熬下，任何不負責的海誓山盟都可以諒解。

給熱戀當中的年輕男女一點提醒：相信對方的理由不應該是對方的甜言蜜語，而是對方的為人。

提醒擇偶條件過於挑剔的人

一位美麗的女子想找一個這樣的丈夫：年輕漂亮，身體健康，溫文爾雅，既不冷淡，又不妒忌；還希望他財產多，有個好門第；再加上聰明機智……總之要十全十美。

許多顯貴的求婚人接踵而至，我們的美人覺得他們大半都太肥胖。

「我怎麼能嫁給這些人？他們的樣子太可憐了，來呀，大家最好來把他們看一看！」

一個毫無風趣，另一個鼻子太難看，這個這裡有毛病，那個那裡有缺點，總之全不行。

40 年過去了，美麗的女子變成了一個風燭殘年的老太太，卻還在不停地尋找一個完美的男人。

有人問他：「老奶奶，這麼多年了，妳還沒有看上一個稱心如意的？」

老太太說：「看上過一個。」

「那妳為何不嫁給他？」

「唉，那男人要找一個完美的女人。」老太太痛惜地說。

　　擇偶是人生一件至關重要的事情。找到一個合適的對象，擁有一個溫暖的家，幸福就已經近在咫尺了！而人在這種溫暖的包圍之中，可以毫無後顧之憂地闖事業，為家庭提供更加幸福的物質條件，則幸福已經在握！

　　這樣說來，無論男女，家庭都是他們幸福的源泉。他們大半輩子的幸福，很大程度上取決於擇偶的眼光。從理論上說，擁有一個完美的他（她）是擇偶的最好選擇。但世界上有完美的人嗎？沒有，就是你本身也絕不會完美。不完美的你，又何苦去追求或等待一個完美的人？

　　記得一個廣告中有一句令人記憶猶新的話：「只買對的，不買貴的。」借用人們這種理智的消費觀，我們的擇偶觀也應該是：「只找合適的，不找完美的。」

第九章　現學現用的經典幽默

第十章

幽默小菜端上來

第十章　幽默小菜端上來

古人云：「熟讀唐詩三百首，不會吟詩也會吟。」多品讀些幽默，既可讓自己心情愉悅，又能在無形之中提升自己的幽默感 —— 何樂而不為？

一場幽默的饕餮大餐即將開始！請泡上一杯上好的綠茶，找一個舒適的座位坐下來。

這些幽默不會讓你爆笑到讓茶水嗆了鼻子，但絕對會像你杯裡的茶一樣，給你一種愉悅無比的心理感受。

上菜 ——

開胃點心

在大餐端上來之前，我們先品嘗一些健胃消化的開胃點心。這些點心，是由天真可愛的兒童們巧手製成，味道清純，意趣盎然。

孝順的女兒

一個小女孩第一次在電話裡聽到她父親的聲音時，便大聲哭了起來。她母親問道：「孩子，怎麼啦？」

「媽媽！」小女孩哭道：「我們怎樣才能把爸爸從這樣的小洞裡救出來呢？」

確認

女兒在廚房洗盤子，電話鈴響了。

她拿起電話，回答說：「媽媽大概在洗澡，請你等等我去看看。」

她伸手扭大熱水龍頭，浴室裡馬上傳來一聲尖叫！

她關水龍頭，拿起電話，接著說：「是的，她在洗澡。」

玩遊戲

「我們玩動物園的遊戲吧！」6 歲的卡爾對小妹妹說。

「怎麼玩呀？」

「很簡單，我當小猴，你當遊客，餵我核桃、花生和巧克力。」

怕觸電

郵差送來一封電報，小孫子用小筷子夾著，小心地走進屋裡對爺爺說：「爺爺，你的電報！」

爺爺問他：「為什麼用筷子夾著？」

孫子回答：「我怕觸電呀！」

補課

老師：「從今天起，不准再玩撲克牌了！」

學生：「是！」

老師：「10 ＋ 3 ＝ ？」

學生：「K!」

白髮從哪裡來

三歲的寶寶很淘氣，常惹媽媽生氣。有一次，寶寶好奇地問媽媽：「妳頭上怎麼有白髮，它從哪裡來的？」

媽媽答道：「每當孩子不聽話，父母就會長出白髮來！」

寶寶聽後，大眼睛眨了幾下，說：「噢！媽媽，我知道了，為什麼外婆的頭髮全白了！」

怪不得……

哥哥上了地理課後，知道地球的形狀、自轉和公轉等知識，就對四歲半的弟弟說，地球是圓的，每天都在轉。

弟弟聽了，忽然醒悟了：「怪不得我經常走路都摔跤呢！」

是瓜都能吃

一家人正在吃西瓜。

五歲的小兒子問：「爸爸，是瓜都能吃嗎？」

爸爸說：「是的，比如南瓜、黃瓜、冬瓜……」

兒子不等爸爸說完，搶著問：「那傻瓜也能吃嗎？」

比我多去一次

爸爸對小華說：「你越來越不像話了，晚上也不複習功課，只知道往俱樂部玩。我到俱樂部下棋，十次倒有九次看到你！」

小華回答說：「那您比我還多去一次呢！」

睡著了

兒子小新不想睡覺，爸爸坐在他的床頭開始給他講故事。一個小時、兩個小時過去了，房間裡一片寂靜。這時媽媽打開房門問：

「小新睡著了嗎？」

「我睡著了，媽媽。」兒子小聲回答說。

開心一刻

「奶奶，你會死嗎？」

「當然要死的。」

「要把你埋在地裡嗎？」

「是的！」

「哈，太好了！那時我們可以隨便玩妳的縫紉機了吧！」

童心

兒子：「爸爸，給我買本作業本吧？」

爸爸：「今天沒空。」

不一會兒，兒子從酒櫃裡拿出一瓶陳年好酒遞到爸爸面前，說道：「這點小意思，請爸爸收下。」

蘋果睡覺了

「媽媽，給我一個蘋果吧！」

「孩子，太晚了，蘋果已經睡覺了。」

「不，小的也許睡了，大的肯定還沒睡呢！」

扔針吧

老師說：「孩子們，保持安靜，要靜得連一根針落到地上都聽得見。」過了一會兒，全靜下來了，一個小男孩尖叫道：「開始扔針吧！」

搬洞

「小梅，妳怎麼哭啦？」

「媽，叫我怎麼辦呀？弟弟在地上挖了個洞，他要我把這個洞搬到屋裡給他玩。」

檢查

老師讓班長檢查：穿背心短褲的同學不得進入教室。班長無奈地報告老師說：「沒有同學願意把外衣脫了讓我看！」

老虎出籠

父親帶著 6 歲的兒子從動物園裡參觀回來。

父親問：「當你看老虎時，如果突然有兩隻老虎從籠子裡跑了出來，你打算怎麼辦？」

兒子回答：「我得趕快鑽進老虎籠子裡，然後把籠子鎖住。」

動物園裡的故事

一名員警在詢問四個男孩在動物園到底做了什麼壞事。

第一個男孩回答：「我叫小明，我把花生扔進大象欄裡去了。」

第二個男孩回答：「我叫小路，我把花生扔進大象欄裡去了。」

第三個男孩回答：「我叫小石，我也把花生扔進大象欄裡去了。」

第四個男孩回答：「我叫花生……」

老鼠生病

孩子：「媽媽，這是什麼？」

媽媽：「這是老鼠藥。」

孩子：「媽媽，我們家的老鼠生病了嗎？」

物理

爸爸：「凡物質遇熱則脹，遇冷必縮，這是科學的道理。」

兒子：「原來如此，難怪昨天我的指頭被火燙了，馬上就長一個泡。」

再買一個

　　小孩心愛的小烏龜死了，很傷心。他爸爸安慰他說：「別哭別哭，再買一個活的吧！」過了幾天，鄰家死了一個人，許多人圍著他哭。小孩子忙跑過去說：「別哭別哭，我爸爸說，死了，再買一個活的就是了。」

媽媽也生蛋

　　餐桌上，兒子開心地吃著蛋。

　　「好吃嗎？乖乖！」媽媽歡心地問。

　　「好吃。」

　　「你就知道吃，知道是什麼東西能生蛋嗎？」爸爸想考兒子。

　　「雞生蛋，鴨生蛋，鵝生蛋。」

　　「還有什麼生蛋？」

　　「還有，還有呢？」爸爸一個勁地追問。

　　「……」兒子被問住了。一會兒才回答：「媽媽也生蛋！」

　　媽媽目瞪口呆，爸爸大聲地訓斥兒子為「笨蛋」。兒子不服氣，嚷著說：「爸爸常常罵我笨蛋，我不是媽媽生的嗎？」

哪裡景色好

　　爸爸帶著兒子氣喘吁吁地爬到山頂。

　　爸爸說：「快看哪，我們腳下的一片平原景色有多好！」

　　兒子：「既然下面的景色那麼好，我們幹嘛要花 3 個小時爬到上面來呢？」

減法

數學課上，教師對一位學生說：「你怎麼連減法都不會？例如，你家裡有 3 個蘋果，被你吃了 2 個，結果是多少呢？」

這個學生沮喪地說道：「結果是被哥哥打了 10 下屁股！」

愛太多了

父親：「孩子，爸爸處罰你是因為爸爸愛你！」

兒子：「這我知道，爸爸，但我覺得我不應該得到這麼多的愛。」

要遲到了

姐妹躺在床上，妹妹對姐姐說：「姐姐，妳快去叫醒媽媽，她要是再不來喊我們起床，我們就要遲到了。」

你媽在家嗎

小新坐在一棟房子門口的臺階上玩。一位推銷員走過來問道：「小朋友，你媽在家嗎？」

「在家。」小新答道。

於是推銷員去按門鈴。他按了好幾回，但沒有人回答。他轉過身來，生氣地問小新：「你剛才不是說你媽在家嗎？」

「是啊，我說過，但這不是我的家呀！」

不如在床上

小米豆上課不專心，平時在課堂上不是走神，就是趴在桌上打瞌睡。老師沒有少責備他。這天，小米豆又在打瞌睡。老師一見，便罵他說：「你為什麼屢教不改？你了解到上課睡覺的缺點嗎？」

「了解了！」小米豆回答：「趴在桌上確實不如床上睡舒服。」

也是作文

老師在課堂上布置了一篇作文，題目叫《我所見到的最美麗的東西》。下課後，同學們將作文交了上來。

當老師在辦公室翻開小郭的作文本時，發現他的這篇作文只有一行字，內容是：

「我所見到的最美麗的東西，是難以用語言來形容的。」

最糟糕的事

老師：「難道還有什麼事情比我們咬開一個蘋果時，發現裡面有一條蟲子更糟糕的嗎？」

學生：「有，發現半條蟲子。」

小妹妹的巧答

一天，一位 7 歲的小女孩趁媽媽不在，假扮起媽媽來。可是比她稍大一些的哥哥對她以媽媽自居很不服氣。所以故意為難她說：「妳自以為是媽媽嗎？你知道 99 乘 5 是多少？」

小女孩不慌不忙，模仿大人的口氣回答：「孩子，我沒空，問你父親吧。」

零件多了

「爸爸，我把電視機拆散了又重新裝好了，就是想看看裡面的構造。」

「謝天謝地，你沒有弄丟零件吧？」

「沒有，還多出了十幾個呢。」

去應酬

丈夫打電話來，說今晚有應酬，不能回家吃飯了。兒子問：「媽媽，什麼是應酬？」

媽媽向兒子解釋：「不想去，但是不得不去，就叫應酬。」

兒子恍然大悟。第二天早上他要上學了，向媽媽說：「媽媽，我要去應酬了。」

不可思議

兒子：「爸爸，你是在哪裡出生的！」

父親：「日本。」

兒子：「媽媽是在哪裡出生的？」

父親：「臺北。」

兒子：「我又是在哪裡出生的？」

父親：「美國。」

兒子：「奇怪，我們三個是怎麼住到一起的呢？」

豬的兒子

父親：「你真笨，真是個小豬玀！你知道小豬玀是什麼嗎？」

兒子：「知道，牠是豬的兒子。」

與名人相比

一位父親教育自己的孩子說：「你應該好好地學習呀！你知道嗎？林肯在你這個年齡的時候，是班裡最好的學生。」

孩子說：「是啊，可我知道，林肯在你這個年齡的時候，已經是國家總統了。」

快逃

一位老先生沿街緩緩地行走，看見一個小孩想按一下門鈴，但門鈴太高，怎麼也按不到。心地善良的老人停下來對孩子說：「我來幫你按吧。」於是他幫助小孩按響了門鈴。

小孩這時卻對老先生說：「現在我們快逃。」

老先生：「……」

皇后自稱

老師：「小青，皇帝的自稱是什麼？」

小青：「是寡人。」他站起來毫不猶豫地回答。

老師：「那麼皇后呢？」

小青：「皇后，自稱寡婦。」

不要一分

「考試得了多少分？」

「3分。」

話音剛落，啪！啪！啪！小明的屁股上挨了爸爸3巴掌。

「下次再考，得多少分？」

「下次我1分也不要了。」

兩個笨蛋

父親教兒子學算術：「一加一是多少？」

兒子：「不知道！」

父親：「是兩個，笨蛋，知道了嗎？」

兒子：「知道了！」

父親：「那麼，我和你，加起來是幾？」

兒子：「是兩個笨蛋。」

禮貌語言

上課鈴響了，學生們一窩蜂似的湧進教室，老師堵住一個學生問道：「你叫什麼名字？」

「王小明。」學生回答。

老師教訓地說：「對老師講話要有禮貌，必須加『先生』這個稱呼，好！現在回答我，你叫什麼名字？」

「王小明先生。」

發現美洲

教師在課堂上提問：「這是一幅世界地圖，誰能指出美洲在哪裡？」

尼克走到地圖前，指出了美洲在地圖上的位置。

教師又問：「好，孩子們，告訴我，誰發現了美洲？」

孩子們異口同聲地回答：「尼克！」

傳統小吃

有人認為，中國人自古以來就缺乏幽默感。其實這個看法是錯誤的。從先秦那些富有哲理的有趣小故事算起，中國的幽默史可上溯兩千多年前。三國時期的《笑林》、再至明清的《廣笑府》、《笑林廣記》種種，各種幽默趣事繁花似錦，悅人耳目。

現在，讓我們一起來品嘗先輩們烹製的傳統小吃。

新官上任

新官上任時，問他的隨從道：「為官做事應當怎樣？」

隨從說：「一年要清廉，二年做到半清，到了第三年，就可以渾了。」

新官不禁嘆道：「這教我如何熬得到三年！」

書生恥窮

有書生家貧，但虛榮心極重。

一天晚上，小偷到他家偷東西，一無所獲，便罵道：「遇到窮鬼啦。」罵完就走。

這書生聽到罵聲，趕緊摸出床頭裡的幾文錢追上去，送給小偷說：「這幾文錢送你，萬望包涵點，不要在人前說我窮。」

巧嘴媳婦

有個巧嘴媳婦，善耍小聰明。有一天，她給公公盛了一碗米飯。

公公吃了一口，稱讚道：「今天的飯真香，我可要吃三大碗。」

巧嘴媳婦聽到誇獎，忙說：「這頓飯是我做的。」

當公公吃第二口時，只聽「哼嚓」一聲，公公忙把飯吐了出來，叫道：「哎呀，怎麼這樣多沙子。」

巧嘴媳婦搶著說：「那是小姑淘的米。」

公公用筷子在飯裡攪了攪，聞一聞，問道：「這飯怎麼還有糊味呢？」

巧嘴媳婦回答更乾脆：「那是媽燒的火！」

瞎子最好

一個年長的瞎子和一個年少的瞎子一起走路。那年長的瞎子胡吹一通說：「世間就數瞎子最好，你看那些有眼睛的莊稼人，一天忙到晚，有多

累呀，哪裡有我們這樣清閒。」

此話正好被幾個種地的人聽見。那幾個人商量要懲罰一下年長的瞎子，便裝成縣老爺出巡，硬說年長的瞎子沒有迴避，用鋤頭揍了他一頓。

年老的瞎子挨了打，沒走出幾步，又對年少的瞎子吹了起來：「歸根結底還是瞎子好哇，要是有眼睛的人，擋了縣老爺的駕，挨打還得治罪呢。」

貼驅蚊符

有個狡猾的小販在推銷驅蚊符。他信口開河地吹牛說：「我這驅蚊符一貼，靈驗無比，蚊子一見就嚇跑了。」

有個人信以為真，買了一張驅蚊符，貼在屋裡。到了夜間，蚊子有增無減，咬得他整宿不曾合眼。

第二天，他怒氣衝衝地找到這個小販，責備說：「你的驅蚊符完全是矇騙人的。」

那小販狡辯道：「那是你貼得地方不對。你應該將驅蚊符貼在蚊帳裡就好了。」

交換法術

金陵城裡有一個賣藥的，用車載著一尊大佛塑像。他詢問病情後就給藥。那藥從大佛手中經過，凡在大佛手中停留不滾下的，就允許病人吃。眾人皆奇，賣藥人每天能賺一千錢。

有個年輕人想學這一招，待人群散去後，便邀請賣藥者去喝酒。喝完酒不付錢就走，酒店夥計就像沒有看見似的。如此吃喝已有三四回。賣藥者非常驚訝，問道：「你是使了什麼法術，又吃又喝卻不付錢。」

年輕人回答：「這不過是雕蟲小技而已。如果你同意，我們交流一下，那就太妙啦！」

賣藥者說：「我那套法術其實沒什麼稀罕的，只不過大佛的手是用磁石做的，藥上有鐵屑就吸住了。」

年輕人說：「我那法術更簡單。只不過是我提前把錢付給店家罷了。」

幸未穿襪

有個人穿鞋不穿襪到朋友家去，被看門狗咬了一口。他痛得直叫喊，用手一摸小腿，沾滿了血。此時，他反而高興起來，說：「幸好沒穿襪子，不然襪子定被咬破了，那多可惜。」

打個半死

從前，有個小財主嗜錢如命，只要給錢，什麼事他都願意做。

一個大財主對他說：「如果我白送一千兩銀了給你，然後讓我把你打死，你做不做？」

那小財主顛來倒去地想了半天，然後對大財主說：「那給我五百兩銀子吧，我讓你把我打個半死。」

見雞行事

一個財主有幾畝閒田，打算租給張三種。財主除收租外，還要求佃戶再送一隻雞。

張三將雞藏在身後，去見財主。財主看他空手而來，便作吟哦之聲，說：「此田不與張三種。」這時，張三趕快送上雞，財主就改口吟道：「不與張三卻與誰？」

張三問財主：「剛才說不給我種，轉眼又說給我種，這是為什麼呀？」

財主答道：「開頭是無稽（諧音『雞』）之談，後來是見機（諧音『雞』）行事。」

吝嗇之極

有一個人已經很吝嗇了，可總覺得還不到家。於是，他去拜一個比自己更吝嗇的人為師。

他先用紙剪了兩條魚，用空瓶子裝了水當作酒，就去拜見老師。偏巧老師不在，他便把帶來的紙魚、水瓶送給了師母。師母收下他的見面禮後，端上一隻空杯子說：「請用茶。」那人瞪著空杯子，只好舔舔自己乾渴的嘴唇。

接著，師母又說：「先生遠道而來，一定還沒有吃飯。這裡有一個大餅，不妨請先生充飢。」然後，她用手比劃了一個圓圈。這位拜師者眼看著師母空劃了一個圓圈，只有乾咽唾沫而已。

這人走後，吝嗇老師回來了。他老婆把有人求師以及自己如何接待的事說了一遍。這位老師一聽，大發脾氣，用手比劃了小半個圓圈，說：「用這麼半個餅，就足夠打發他了！」

一女兩聘

周家有女初長成，姿色可人。有一天，兩家同來求婚。其中，東家兒醜，但富有；西家兒俊，卻家貧。

父母沒了主意，不知選誰好，便與女兒商議。

女兒非常乾脆地回答：「就答應兩家吧！」

父親驚異得瞪大眼睛：「能這樣嗎？」

女兒說：「我吃在東家，住在西家，兩全其美。」

職業廚師

有位廚師在家做飯切肉時，切了一塊肉趕緊藏在懷裡。正巧妻子路過

看見，罵了他一聲道：「這是自己家裡的肉，你為什麼還這麼做？」

廚師嘿嘿一笑，道：「我忘了。」

繩後有牛

有一個漢子偷了人家一頭牛，被捉住戴枷遊街示眾。

他的一個朋友從大街上經過，看見這情形便問道：「你犯了什麼罪，被人帶到大街上示眾呢？」

那漢子回答說：「唉，都是我運氣不濟，才落到這般田地。今早我外出行走，看到地上有一條草繩，原以為今後有用處，便拾起來。」

朋友說：「即便如此，也不至於讓人帶枷示眾呀！」

那人嘆道：「只是繩子那頭還拴著一頭牛呢。」

上樓磨刀

某人宰殺了一頭駱駝，待到剝皮時，由於刀子太鈍，好半天也剝不下駱駝皮來。

他急得到處找磨刀石來磨刀，後來在樓上才找到磨刀石。他很快磨了刀，繼續下樓剝皮。可一會兒刀又鈍了，他又得上樓磨刀去。如此上上下下，一趟趕一趟的，很不方便。忽然，他靈機一動，大有所悟地說：「唉，我怎麼這樣笨呢，把駱駝吊上樓去，不就省得來回上下跑了嗎？」

嘴有年頭

有一次，迂公喝酒過量，經過魯家大門時，忍耐不住酒氣上湧，大吐起來。

魯家看門人見此，大罵道：「你這醉鬼，怎麼沖著人家的大門就嘔吐起來呢？」

迂公見有人罵他，怒火中燒，回駁道：「不怨天，不怨地，就怨你家大門不該沖著我的嘴開。」

看門人聽了，反問迂公：「大門是早蓋好了的，難道是今天專門沖著你的嘴才開的嗎？」

迂公則指著自己的嘴說：「我這張嘴，也頗有一些年頭呢！」

死人救活

魯國有位名叫公孫綽的人，對人家說：「我能把死人醫活了。」人們深表懷疑，便問他有什麼方法？

公孫綽答道：「我治好過半死的病人。現在我把治半死的藥劑量加倍，不就可以把死人救活嗎？」

誰瞎了眼

一個木匠替人裝門閂，錯把門閂裝在外面。主人罵這兩光木匠眼瞎了。木匠回嘴道：「你才眼瞎了。」主人反問道：「我怎麼會眼瞎呢？」木匠振振有辭地回答說：「你不眼瞎，怎麼會找到我這樣的木匠？」

算命先生

有個人喜歡人家奉承。有位算命先生知其所好，專程登門為他算命。這位算命先生用盡美好言辭讚揚他一番，並說：「就憑你一雙大眼睛，坐在家裡就可以終身受用不盡。」那人聽了，越發高興，一連款待算命先生數日，並以重禮相贈。

臨別時，算命先生握著那人的手說：「還有一句話，望先生記住。」

那人問是何言？

算命先生說：「你也要尋些活計，不可全靠這雙眼睛。」

知音難尋

有位彈琴者在市中彈琴，市民以為是彈琵琶、三弦之類，許多人圍上來聽琴。但聽那琴聲清淡無味，都不喜歡，人漸漸地走了，只有一位還站在那裡。那琴師大喜道：「好啊，總算還有一位知音，這不負我一片苦心啦！」

那人卻說：「若不是這放琴的桌子是我家的，我也早離開了。」

父子性烈

有父子倆人性情剛烈，凡事從來不願意讓人。

有一天，父親留客宴飲，讓兒子進城去買肉。兒子買好肉回家時，在城門口與一位迎面而來的人相遇，各不讓路，因此，長時間僵持著，父親不見兒子回來，只得出門尋找，見此情景，忙對兒子說：「我先把肉拿回去，招待客人吃完飯後，我來接替你與他在此對立。」

長生靈丹

有位醫生得了重病，眼看就要死了。

他躺在病床上，痛苦地喊道：「假如有個技術高明的醫生，能治好我的病，我寧願將自己現有的長生不老靈丹送給他，答謝他的救命之恩，他吃了我的藥，能平安無事地長生不老！」

京城拳頭

有個人去過一趟京城，回家後他一言一行，總是誇京城好。

有一天晚上，他和父親一塊散步。一輪皎潔的月亮飄遊在天空。忽聽有人讚嘆道：「今夜月亮真圓啊！」

話音剛落，這誇口的兒子就大聲說：「這裡的月亮有什麼圓，京城的

月亮那才叫圓呢！」父親一聽，火冒三丈，罵道：「天上就這麼一個月亮，你為什麼說只有京城的月亮才最圓？」說著便朝兒子的臉上打了一拳。

這裡子挨了打，雙手捂著臉，帶著哭腔嚷道：「你這拳頭有什麼了不起，你哪裡知道，京城的拳頭打在身上疼多了！」

迂生寫信

父親讓迂生給出門在外的家兄寫信，報知家鄉四件事情：一、村中最近死了一個人；二、肉價大漲；三、家中新僱用了一個帳房先生；四、嫂嫂快要生孩子了。

迂生寫道：「村上最近死一人，肉賣一百七十幾錢，家中新僱一個帳房先生，嫂嫂肚子漸漸大了。」

其兄見信大怒，即回信斥責：「人肉豈可亂賣？家醜不可外揚！」

雨中慢行

一人在雨中慢慢地行走。有人問他為什麼不走快一點？他答道：「別急，反正前面也在下雨。」

理由充分

有一個人好飲，坐在酒席上久久不願離去。其僕人想催他走，因見天陰，便說：「天快要下雨了。」那人答道：「將下雨怎麼走？」

一會兒雨下如注，自然不敢催促。等雨停了，僕人又催說：「雨停了，走吧！」

他又道：「雨停了還怕什麼？」

最懶小兒

老頭生了五個兒子，個個是懶蟲。他想趕走兒子們，卻又難以開口。有一天，他想出一個辦法，把他們招來，說：「你們兄弟中那個最懶，請站出來，我就養他。」

四個哥哥都站了出來，唯一不站出來的是最小的弟弟。老頭問他為什麼不站出來。他說：「站出來還得走幾步路呀！」

大夥吃驚地看著原地不動的他。老頭說話了：「你確實是最懶的，我說了算，答應養你。」

酒徒警言

有位酒徒身上總帶著酒壺，整天喝得醉醺醺的，已經得酒病了。人家勸他戒酒，他便說：「我原本也是想戒掉，只是兒子外出，心裡特別惦念，借酒澆愁罷。等我兒子回來，一定戒掉！」

人家不信，酒徒便發誓說：「兒子回來我再不戒酒，就讓大酒缸壓死我，小酒杯噎死我，跌在酒池裡嗆死我，落入酒海裡淹死我，活著時罰我作燒鍋人，死後做酒廠鬼，在酒海中永不翻身。」

眾人問：「你兒子去哪裡了？」

酒徒醉醺醺地說：「去杏花村為我打酒啦。」

先學游泳

有個醫生把人醫死了，被病人家屬在夜裡綁架，並將其扔進深潭。這個庸醫水性不錯，乘著夜色游水而逃。當他氣喘吁吁地跑回家時，見到其子在研讀醫書，便急急忙忙地對兒子說：「我兒呀，書不著急去讀，還是先學好游泳要緊呐！」

第十章　幽默小菜端上來

能否動土

有位迷信風水的人，一舉一動都要請教陰陽先生。有一天，此人坐在牆根歇息，牆忽然倒塌，他被壓在下面，大聲呼救。

家裡人趕來一看此情景，想起他平日迷信陰陽先生，便道：「你暫時忍著，待我去問陰陽先生，今日能否動土？」

挨打感恩

有一個小財主被人重金僱去，代人到縣衙門去見官挨打。

臨打之前，他把自己所得到的全部傭金，送給行杖的衙役，求他手下留情，打得輕一些。受了賄賂的衙役在打他時，自然比打別人要輕一些。可打下來，他渾身也青一塊、紫一塊的。挨打之後，這人一瘸一拐地到了僱主家。見到僱主，他趕忙磕頭說：「恩公呀恩公，要不是您的那些金銀起了點作用，我今日就得給活活地打死了。我是專門前來向您謝恩的！」

量體裁衣

明嘉靖年間，京師有位裁縫遠近聞名，經其手所製的衣服，非常合身。

有一次，御史讓他裁一件圓領袍子，裁縫問道：「不知大人當御史有幾年？」

御史怪他問得離奇，便回答道：「做衣服問這些幹什麼？」

裁縫說：「年輕人初做大官，意氣風發，必挺胸凸肚的，故衣服應後短前長；如果是中年人，經過官場幾年歷練，意志稍平，衣服便要前後一般長短；若做官時間長了，內心謙和，常低頭沉思，做他的衣服則要前短後長了。如果不知做官幾年，做出來的衣服便不會合身的。」

矮子脫險

從前有個邢進士，身材特別矮，人家都叫他「邢矮子」。

有一次，邢矮子在鄱陽湖邊遇到一夥強盜。這夥強盜將他的財物洗劫一空，還要殺死他，以除後患。當強盜舉刀之際，邢矮子臨危不懼，風趣地說：「等一等！大家都叫我邢矮子，你們若再砍了我的腦袋，豈不更矮了嗎？」

強盜們聽了個個開懷大笑，連那個舉刀的強盜也放下屠刀，饒了他。

心疼兒子

艾子有個十歲左右的孫子，頑皮不好學習，經常打他也不改過。艾子的兒子只此獨生子，怕他挨打多而死了，就一把眼淚一把鼻涕為兒子求情。

艾子發怒道：「我代你管教兒子，有什麼不好？」於是，對孫子鞭打得更加屬害，其子也無可奈何。

一天下雪，孫子滾雪球玩，艾子見後，讓其脫去衣服，跪在雪地上，直凍得他打冷顫。其子見狀不敢多言，自己也脫了衣服，跪在一旁。

艾子驚問其故。兒子哭著回答說：「你凍我的兒子，我也凍你的兒子。」

老姐認婚

有對男女已議定婚約。因男方家貧，女方家富，男方怕女方反悔，便約了個男伴，擇日子上門搶親，但匆忙間誤背了未婚妻的老姐姐就跑。女家追出門大叫：「搶錯了！搶錯了！」但老姐姐在背上說：「別聽她的。沒錯、沒錯，快跑！」

債務糾紛

　　有個欠債人被債主屢次索要都不還，債主極生氣，便命僕人在路上攔住他，將他扛回家來。走到中途，僕人累了，放下他歇口氣，他卻振振有辭地說：「快走吧，歇在這裡，如果被別家債主扛去，可不關我的事。」

一事兩果

　　有個脖上長瘤的人，夏夜乘涼跑到廟中睡覺。廟中神仙問左右：「來者是誰？」

　　左右回話：「踢球的人。」

　　神仙下令左右將球取出，放在地下踢著玩。頃刻間，那人脖子上的大瘤就消失了，他高興得手舞足蹈。

　　此事被另一位長瘤者知道後，第二天晚上也跑到廟裡睡覺。神仙又問：「來者是誰？」

　　左右回答：「踢球的人。」

　　那神仙吩咐道：「將昨夜取下來的球還給他罷！」

遷家請客

　　有個財主好靜，而他家偏巧夾在一戶銅匠和一戶鐵匠中間，早晚叮叮噹當，吵得他心煩意亂。因此，他常常對人說：「假如有朝一日，我這兩戶鄰居能搬家，我一定做東請客。」

　　有一天，銅匠和鐵匠一齊登門造訪，對財主說：「我倆準備一起搬遷，你常說只要我們遷居就請客，今天是特來吃請客的。」

　　財主一聽，果然高興，忙問：「兩位何時遷居？」

　　兩人齊答：「就在明天。」

財主便忙擺上酒席，請他倆美美地飽餐一頓。酒足飯飽後，財主才想起問道：「你倆遷到什麼地方？」

銅匠和鐵匠異口同聲地說：「我搬到他家，他搬到我家。」

秀才斷事

有一個人向鄰居說起自己的願望：「有朝一日，我只要擁有一百畝水稻田就足夠了。」

他的鄰居開玩笑地說：「那我就希望自己養上一萬隻鴨子，把你的稻穀全吃光。」

本來是幾句閒話，可兩人你一句、我一句，真的動了氣，激烈地爭吵起來。最後提出要到官府去解決。

他倆互相扯著，經過一座學校，見是紅色大門，以為是官府，便走了進去。迎面碰見一位秀才在那裡散步，他倆以為是官，便一五一十地各談各的理。秀才聽罷說：「你去把田地買回來，他去把鴨子養起來，待我做起官來，再來審理你們這件事。」

阿彌陀佛

有位和尚私下買了些蝦，偷偷地煮來吃。當蝦在熱鍋裡亂蹦亂跳時，他合掌低聲對蝦說道：「阿彌陀佛，請忍耐些，不一會兒就焙紅烤熟了，待到那時就不覺得疼了。」

賣母為奴

有個楚國人把自己的母親賣給別人作奴婢。臨別時，他對買主說：「我母親年歲大了，做不了重活，求主人寬待些。」

鴛鴦火鍋

在各種菜色中，最為兼收並蓄的莫過於鴛鴦火鍋了。一邊是紅湯滾滾，另一邊則清水激灩，任誰看了都無法拒絕。火鍋起名鴛鴦，恐怕也是想在大快朵頤的時候借機闡述一下婚姻的哲理。

在口味方面，分得最清的便是：「吃辣的」和「不吃辣的」。愛吃辣的人無辣不成歡，怕辣的人一沾點辣就齜牙咧嘴、大汗淋漓。在愛情中滋潤中的年輕人在吃辣不吃辣上很能互相遷就。婚後就不同了。自己不喜歡的口味頓頓天天吃月月吃年年吃，想起來就覺得恐懼萬分。難道要把一種難以下嚥的味道發展成自己的樂趣？自己在事業上、互動上遇到的挑戰已經夠多了，為什麼現在連我的飲食習慣都要改變？現在激烈的競爭，隨時都會顛覆已有的職位和專業，在生活的較量中，喪失了味覺的那些人相當於自己甘願居於被壓迫階層。

好了，現在有了鴛鴦火鍋，愛吃辣和不愛吃辣的人都可以大快朵頤了。

鴛鴦火鍋就像人的處世智慧，這個像太極圓裡的陰陽魚一樣互相糾葛纏綿的鍋，便是各取所需團結合作的象徵，陰陽既相生又相剋，既統一又獨立，看著它都覺得意味無限。我們面對的生活其實也是一個火鍋，周圍放滿了供雙方自由選擇的各種食物，各吃各的滋味，各有各的愛好，雙方自得其樂，又不用砸破了鍋。

有關愛情的 N個黑色幽默

生活中總能見到不少女子痴迷於愛情之中，不能自拔。其實，愛情固然偉大，但也不應失去自我，盲目追隨。有時試著以一種調侃的心情俯視一下愛情，或許會發現在有些黑色幽默中也藏著至理名言。比如：

- 談好戀愛的祕訣在於不必嚴肅，但必須正經！
- 就算已經達到嘴對嘴的關係，也要保持手牽手的距離！
- 情書大全在圖書的分類中應該屬於科幻類！
- 不要以為男人真的喜歡瘦女人，他們要的是整體苗條，局部豐滿！
- 男人的習慣是，說「我要你」時生猛有勁；講「我愛你」時有氣無力！
- 多少要學會一些糟蹋男人的方法，否則這麼多的無聊男子該如何打發！
- 結婚前要做健康檢查，戀愛時要做智力測驗！
- 失戀的明顯症狀就是失態！
- 愛情老手通常不會輕易將戀愛談出結果！
- 從眼睛流露出來的愛情比較不容易造假！
- 要善待愛情，因為它不會一輩子跟著你！
- 男人心虛的反應常有兩種，獻殷勤和耍無賴！
- 婚姻其實是愛情中難度最大的，因為必須邊籌畫著柴米油鹽邊談它！
- 所謂外遇，就是有了愛情和麵包之後，還想吃蛋糕的心情！
- 世界上沒有不會做家務事的男人，只有不願做家務事的丈夫！
- 要做個有智慧的女人，就要懂得如何去愛一個男人和幫他管理好他的錢包！
- 所謂羅曼蒂克就是幫老婆買回包心菜時會順手帶回朵玫瑰花！
- 不用懷疑，順著紅地毯的方向就能輕易地走到廚房！

第十章　幽默小菜端上來

交錢

沮喪的丈夫對妻子說：「我們手頭一點錢都沒有了，但得按時交水電費和醫療費。應先交哪個呢？」

「當然先交水電費。醫生總不會把你的血管給掐斷了。」

離婚

「你為什麼要與妻子離婚？」

「因為她每天晚上要去酒吧。」

「她愛酗酒，是嗎？」

「不。她總是到酒吧纏著我要我回家。」

妻子的責備

一家人在沙灘上晒太陽。一個美麗的少女走過，十四歲的兒子目不轉睛地看著她遠去。妻子用肘碰丈夫，得意地低聲說道：「你兒子長大了。」幾分鐘後，一個少婦穿著泳衣在他們面前走過，丈夫禁不住為她的好身材投去欣賞的目光。這時妻子又用肘碰丈夫，低聲責備道：「唉，別那麼孩子氣。」

決鬥

湯姆回到家，發現自己的妻子正在與他的好友約翰親熱。湯姆冷靜地說：「約翰，你來我這裡湊什麼熱鬧，我要和你決鬥。」湯姆從隔壁房間裡取出兩支槍，將其中一支交給約翰，並且說「聽著，我們一起向空中開槍，然後倒在地上裝死，我妻子進來先關心誰，誰就可以得到她，這樣公平吧。」約翰答應了。兩聲槍響後，湯姆的妻子沖進房間，看到兩人都倒在地上一動不動，於是打開陽臺的門喊道：「沃爾特，快進來吧，這下全解決了。」

天使

妻子說：「婚前你不是叫我天使嗎？」

丈夫說：「對。」

妻子氣憤地說：「那為什麼現在你不這樣叫我了呢？」

丈夫笑著說：「嘿嘿，親愛的，妳應該為此感到高興才對，現在我頭腦正常多了。」

看法不同

丈夫：「我的審美觀點和別人總是不一樣，大多數人說是美的，我就覺得醜；大多數人說是醜的，我又覺得美。」

妻子：「這麼說你對我的看法怎樣呢？」

丈夫：「那還用問，妳在我眼裡是世界上最美的女人！」

做第二者

一個婦女拉著她的丈夫，來到另一個女人面前憤憤地說：「請妳不要做第三者！」

那個女人說：「好吧！那我就爭取做第二者。」

善解人意

一對夫婦走到購物廣場的許願池，夫人很快地拋進一枚錢幣，並默默許了一個願。

丈夫隨即拋下一枚錢幣，也默默許願。

夫人問他許的是什麼願，丈夫說：「我希望我能付得起錢，使妳得到剛才希望得到的東西。」

不平等

妻子：「如果我們的婚姻是平等的話，你就應當把地上的落葉掃掉一半。」

丈夫：「落到地上的樹葉是妳的，親愛的，我的那一半還在樹上呢。」

遺物

男人：「我是你丈夫生前最好的朋友，我想要件他的遺物作為紀念，可以嗎，夫人？」

女人：「可以，我就是他的遺物。」

喝點什麼

一對熱戀中的情人到餐廳用餐。兩人目不轉睛地相互看著便忘了點菜。最後還是男友先說：「你真甜，我真想吃妳一口！」

「我也想吃你一日！」女友說。

站在桌旁的服務生咳嗽了一聲，問道：「那你們倆喝點什麼呢？」

IT人士的浪漫日記

×月×日：約會 —— 我準備去訪問一個新主頁；

×月×日：對女友印象 —— 她的介面看起來很友好；

×月×日：寫情書 —— 編寫應用程式；

×月×日：求婚 —— 妳願與我共用一臺主機嗎？

×月×日：婚檢 —— 我們去做個系統檢測，順便殺殺病毒；

×月×日：布置新房 —— 把我們的桌面重排一下吧；

×月×日：結婚 —— 我終於和她連網了；

×月×日：吵架 —— 看來我和她還有些不相容；

×月×日：妻子懷孕 —— 她正在開發新一代產品；

×月×日：妻子紅杏出牆 —— 防火牆被攻破。

圍城夜話

—— 他們結婚之前她是他的祕書，現在她是他的出納。

—— 我和我妻子達成了一個協定：絕不在生對方氣的情況下去睡覺。結果我們已經6個月沒睡覺了。

—— 我妻子總是讓我最後拿主意。我總是說：「是。」

—— 所謂丈夫就是要餵許多張小嘴吃飯還要聽一張大嘴說話的男人。

—— 他之所以還是單身是因為事出有因。有時那是他自己的主動選擇，而絕大多數時候則是那些他所約會的女人的選擇。

—— 每當我遇到一個覺得會是個好丈夫的男人時，他都已經是了。

—— 我思考，所以我單身。

—— 所謂單身漢，就是那些絕不追趕那些他們無法追上的女人的男人。

—— 婚前的日子相對於婚姻來說，就像是一本冗長乏味的書中一段短小精悍的序言。

—— 人們應該永遠沉浸在愛之中 —— 這就是人們永遠不要結婚的理由之一。

—— 結婚是件好事，可我認為如果把它當作一種習慣就不好了。

保密

—— 位女孩子在男朋友家已很晚了。

女：「我還是回家去吧，我媽會知道的。」

男：「寶貝，我們可以保守祕密嘛！」

女：「要是有了孩子怎麼辦？」

男：「嗯，對於孩子當然沒必要保密了。」

堅強點

有一個囚犯從關了他 15 年的監獄裡逃脫。他越獄後闖入一間民宅，看到一對年輕的夫妻躺在床上睡覺。他把那位丈夫趕下床，綁在椅子上；把太太綁在床上。他上了床，親吻那太太的脖子，接著就去了洗手間。

當那逃犯在洗手間的時候，丈夫跟他的太太說：「這個男的可能是個囚犯，看看他的衣服就知道！他可能被關了很久，而且很久沒碰過女人了，假如他要非禮妳，千萬不要抵抗，也不要抱怨。這個人非常危險，假如讓他生氣的話，他可能會把我們都殺了。堅強點，親愛的，我愛妳。」

這時候他太太說：「我很高興你這樣想，沒錯，他很久沒碰女人了，但是他不是在親我的脖子，他只是在我的耳邊小聲地說他覺得你很性感，然後他就去洗澡了。堅強點，親愛的，我愛你。」

純潔的愛情

男：「請你相信我，我真的很愛妳。」

女：「你讓我怎麼相信呢？」

男：「寶貝，我那純潔的愛情只獻給妳一個人。」

女：「那麼，你想把那些不純潔的給誰？」

索吻

一個男孩從背後摀住了正在公園長椅上等他的戀人的眼睛，道：「只允許妳猜三次，若猜不中我是誰，我就吻妳一下。」

你猜女孩怎麼猜的？

她張口喊道：「你是 —— 張學友？梁朝偉？金城武？」

報仇雪恨

富蘭克林 1774 年喪偶，1780 年在巴黎居住時，向他的鄰居 —— 迷人而有教養的富孀艾爾維斯太太求婚。

富蘭克林在情書中說，他見到了自己的太太和艾爾維斯太太的亡夫在陰間結了婚。接下來，他繼續寫道：「我們來替自己報仇雪恨吧。」

解夢

有一位男子在給女友的信中說：「昨夜，我夢見自己向妳求婚了，妳怎麼看呢？」

他的女友巧妙地回答：「這只能表明你睡眠時比醒著時更有人情味。」

物以類聚

侍者問昨日才結婚的新郎為什麼一臉憂傷地喝悶酒。新郎回答說：「平時與風塵女子睡多了，養成了壞習慣，結果早晨起床時迷迷糊糊就塞了張 100 元大鈔在她枕頭下面。」侍者勸新郎不要難過，他太太不會想那麼多的。「問題是她在半睡半醒中竟找我零錢呀！」丈夫沮喪地說。

走個精光

客滿的電影院門前，突然有人揮舞著一支手槍，叫道：「我的太太跟另一個男人在裡面，叫她趕快給我滾出來，否則我就要開槍了！」

這時，電影院的老闆驚慌失措地跑上臺，宣布說：「有個男人帶著手槍來找他太太，假如有這個人在，請她速從後門出去！」

在一分鐘內，電影院中的女人差不多都走光了。

近視的蜜月

一個不肯戴眼鏡的近視女郎決心要結婚，她終於找到了丈夫，雙雙度蜜月去了。蜜月歸來，她的媽媽一看，簡直嚇呆了，趕緊打了電話給眼科醫生。「大夫，」她上氣不接下氣地喊，「請你馬上就來，太危險了，我的女兒一向不肯戴近視眼鏡，現在蜜月歸來……」

「太太，」醫生不等她說完就插嘴道，「別著急，請妳的千金到我的診所來吧。她的眼睛不管出了什麼毛病，應該不會是什麼大不了的事。」

「誰說不是大事？」她的媽媽說，「跟她回來的這個男的，並不是先前跟著她去度蜜月的那個人呀！」

熱菜

一對新婚夫婦蜜月回來之後，丈夫上班前，太太問他回來時想吃什麼。丈夫溫柔地說：「我只要吃妳。」當丈夫下班打開家門時，卻發現太太穿著內衣正在房間裡跑步。先生很驚奇地問：「妳這是在幹什麼？」太太笑著說：「我正在熱菜。」

丈夫的慣性

巴哈（Johann Sebastian Bach）是 18 世紀的天才音樂家。15 歲獲德國聖蜜雪爾教堂的領唱職位，19 歲後，先後任過教堂的風琴師、宮廷樂長、音樂教師等。後來，巴哈與他的表妹瑪麗亞結婚。瑪麗亞是個賢妻，一切家務她都包了。巴哈只需專心於音樂創作及演奏。

不幸的是，巴哈 35 歲時，他的妻子病逝了。他非常傷心。家裡人請示他如何辦喪事，他不知所措，一邊哭一邊說：「問太太去吧！」

代替

一位侯爵突然從外地歸家，走進他妻子的閨房，發現她正依偎在一位主教的懷抱裡。侯爵猶疑了片刻，泰然自若走向視窗，探出身子，向著行人不斷祝福。

妻子非常窘迫，連忙問道：「你在幹什麼呀？」

「主教閣下既然替我實行夫道，那我也得替他宣傳教義。」侯爵答道。

不敢偷看

一位矮個子學者出席一個正式的晚宴，按照慣例，與會的所有女士都穿著裸肩的晚禮服。宴會結束，矮個子學者回到家裡，他的太太因感冒未能出席，所以急欲知道宴會的情況。他告訴她，今晚有多少學者專家出席，可是她打斷他的話說：

「別告訴我那些，我只想知道出席的女士們都穿著什麼樣衣服？」

「對不起，這我真的不知道。」學者回答：「從餐桌上看，她們什麼都沒穿，在下面的我可不敢偷看。」

電腦擇偶

某位女士來到一家使用電腦配對的婚姻介紹所，並把自己的擇偶條件輸入電腦：個子不能太高，平日愛穿禮服，喜愛冰上運動。

電腦運作了一陣之後，顯示出的答案是：「企鵝。」

應付自如

一位董事長對他的祕書吩咐道：

「如果有一個叫芭比的小姐打電話來，請轉告她，我去皮貨店為她的皮大衣付款了。」

第十章　幽默小菜端上來

「如果皮貨店打來電話，請轉告皮貨店，我到銀行提款去了。」

「如果銀行打來電話，請轉告銀行，我與會計一同辦支票手續去了。」

「如果會計那裡打來電話，你就說我去董事會那裡出席一個緊急會議。」

「如果董事會那裡打來電話，你就說，我夫人有急事找我，我不得不離開。」

「如果我的夫人打來電話，請告訴她，我已外出，願上帝保佑她。」

「如果是上帝打來電話，是否對他說，您馬上就去嗎？」祕書問。

絕妙分法

一個離婚男人與一個寡婦結了婚，她有六個孩子，他有五個孩子。

婚後，他們又增加了三個孩子。

一天，妻子匆忙跑進來對丈夫說：「快到院子裡去，快！太可怕了。」

「怎麼了？」丈夫問。

「唉！」她說，「你的孩子和我的孩子正在打我們的孩子。」

瞎子摸象

在漆黑的咖啡廳裡，一對情侶正在喃喃低語。

「親愛的，你能不能把眼鏡摘下來？它弄痛我了。」

沉默了一會，女友又說：「親愛的，你還是戴上眼鏡好了，你現在吻的是椅子。」

機場更漂亮

在某航空俱樂部的一次聚會上，一位漂亮的空服員身著晚裝，胸部半裸，頸上繫著的一個金色小飛機飾品剛好垂在胸部。

一位年輕空軍軍官很靦腆，當他看到女孩子白皙、豐滿的胸部時，便害羞地低下頭。

這時，這位魅力誘人的女孩子溫柔沉靜地向他說：「啊，您喜歡這個金色飛機嗎？」

空軍軍官的話在不經意間脫口而出，話聲雖低但很清楚：「小飛機非常漂亮，可更漂亮的是……」

漂亮的女孩子看了看飛機飾品。這時，空軍軍官最後鼓起勇氣說：「更漂亮的是機場……」

戀人與嬸嬸

「你和瑪麗的婚約撤銷了嗎？」

「是的，她不願嫁給我，嫌我窮。」

「你沒有告訴她，你叔叔很富有嗎？」

「告訴啦！所以她現在是我嬸嬸了。」

忘記了

「親愛的小彤，」年輕的李密在信中寫道，「請原諒我打擾妳。由於熱戀，我的記性竟然變得如此糟糕。我現在一點也記不起來，當我昨天向妳求婚的時候，你說的是『好』還是『不好』。」

小彤很快回了信，信中說：「親愛的小密，收到你的來信我真高興。我記得昨天我說的是『好』，但是我實在想不起是對誰說的了。」

第十章　幽默小菜端上來

犧牲品

丈夫對妻子說：「明天是我倆結婚 20 週年紀念日，應該宰一隻雞。」

妻子快快地道：「宰一隻無辜的雞？難道牠應該為我們在這 20 年中的爭吵不和負責嗎？」

可憐的狗

早上，兩個鄰居相遇了。一個說：「昨晚你妻子為什麼大發脾氣？」

「她心情不好就喜歡對狗發脾氣。」另一個道。

「可憐的狗！我好像聽到你妻子甚至威脅要拿走牠進門的鑰匙！」

重溫舊夢

加利米安老爹和老伴談他們的少年時代，對遙遠過去的回憶使他們激動不已，於是他們決定像年輕時做的那樣，定了個到河邊約會的日子。

屆時，老爹採集了鮮花，來到了河邊等待，而老太太卻覺得叫人看見太難為情。加利米安老爹空等一場，只有回家，他看到了老伴蓋著羊皮襖躺在床上。

老爹嚷起來了：「你怎麼敢失約呢？」

老太太把臉埋在枕頭裡，羞怯地說：「媽媽不讓我去。」

當天見效

「你是用什麼辦法把丈夫整夜不歸的習慣改過來的？」

「有一天晚上，他很晚才回來，於是我很快喊道：『是約翰嗎？』」

「所以呢？」

「我丈夫的名字叫傑克。」

離酒遠點

妻：「你怎麼用吸管喝酒呢？」

夫：「是的！因為醫生要我離酒遠點。」

不能怪酒

妻子對酗酒的丈夫很有意見，一天，她看見報上有一則新聞，便拿著報紙對丈夫說：「你看看，喝酒多麼危險！報上說，一個年輕男子喝醉酒乘船，從船舷上掉下去淹死了。」

丈夫忙說：「我看看 —— 喔，掉進河以前他還沒死，是水淹死了他，這怎麼能怪酒呢？」

人有遠慮

一位太太想畫肖像，她丈夫為她找來了最好的畫家。當她坐下來讓畫家畫像時，提出了一個要求，希望為她畫上名貴的項鍊、耳環、頭飾等。而事實上，她並未戴這些首飾。畫家同意了，但問道：「為何要這樣呢？」

太太答：「這是為了萬一。你知道，我也許比我丈夫死得早，那時他馬上會再娶，讓他的新太太為了這些寶貝和他吵得天翻地覆好了。」

電視病

有一個年輕妻子，她丈夫每晚連續看電視直播的世界盃，什麼也不顧。她一氣之下回了娘家。一進門，只見她父親一個人坐在電視機前，也在看世界盃。她問：「媽媽呢？」她父親頭也不回，說：「回你外婆家去了。」

背道而馳

老張正在挪動一只卡在門口的大木箱，這時他妻子回來了。他們兩個又是推又是拉，累得氣都喘不過來了，可是那只大木箱還是長在那裡，一動也沒有動。

終於，門內的丈夫說：「算了，我們是沒有辦法把它搬出去的。」

門外的妻子尖叫著說：「你說什麼？把它搬出去？我還以為是要把它搬進去呢！」

粗心丈夫

有個人總是丟三落四，出門不是丟了拐仗，就是掉了雨傘。

一天，他出門時暗暗囑咐自己，千萬不要再丟東西了。

晚上，他回到家，手裡舉著一把雨傘。見到妻子，他得意地說：「你看，今天我沒丟雨傘吧？」

妻子愣了，說：「你今天出門沒帶雨傘呀！」

名家料理

大廚登場了！

這些古今中外的名人們，用他們智慧的大腦及樂觀的心態，為我們帶來了經典的幽默大菜。

魯迅與理髮師

1926 年的一天，魯迅到廈門的一家理髮店理髮。理髮師見他長髮垂耳，穿著一件褪色的灰色長袍和一雙舊布鞋，態度冷冰冰地招呼他坐下，馬馬虎虎地給他理了髮。魯迅先生隨手從衣袋裡抓了一大把銅錢塞在理髮

師手裡，數也不數就走了。理髮師一點數目，竟超過定價三倍多，不由得喜上心頭。

　　過了一段時間，魯迅又來到這裡。上次那個理髮師立即迎上去殷勤招呼。雖然魯迅仍是那身打扮，這次卻受到特殊待遇：精工細剪！足足花了一個多鐘頭。理畢，魯迅照價付款。

　　理髮師十分納悶，問他為什麼這次不多給錢？魯迅先生平靜地答道：「上回你亂剪，我付款也就亂給；這次你給我認真地理髮，當然我也就按規矩付款了。」

喜歡不等於擁有

　　蕭伯納喜歡花卉。一位朋友來到他的住所，發現他屋內只有幾個作為裝飾品的花瓶，便問他：「我一向認為你是愛花的，沒想到你屋裡連一朵花也找不到。」

　　蕭伯納立即回答說：「我也喜歡兒童。但是，我並不把他們的頭割下來供養在花瓶裡。」

獎勵沒有寫東西

　　1925年，瑞典皇家科學院推舉蕭伯納為當年的諾貝爾文學獎獲得者。

　　蕭伯納畢生作品甚多，唯獨1925年沒有發表什麼作品。因此當他被告知獲獎一事時，蕭伯納則幽默地回答說：「那一定是獎勵我這一年沒有寫東西吧！」

要不了

　　總統旅行，夫人陪伴是不可少的。美國前總統尼克森（Richard Milhous Nixon）所到之處，夫人帕特（Pat Nixon）總是在他的身邊，並處

處表現出一個女人對男人的尊敬；夫人也處處表現得對人和藹可親，與人們打成一片。

群眾歡呼：「我們喜歡帕特！我們要帕特！」

尼克森幽默地說：「你們要不了，我還要留著她呢！」

慢性毒藥

伏爾泰（Voltaire）的咖啡癮很大，一生中喝了數量驚人的咖啡。有個好心人曾告誡他說：「別再喝這種飲料了，這是一種慢性毒藥，你這是在慢性自殺！」

「你說得很對，我想它一定是慢性的，」這位年邁的哲學家說，「要不然，為什麼我已經喝了 65 年了還沒有死呢。」

雙倍的學費

有一個年輕人，去向蘇格拉底（Socrates）學習演講才能。他為了表現自己的口才，滔滔不絕地講了許多話。蘇格拉底要他繳納雙倍的學費。

那年輕人驚詫不已，隨後問道：「為什麼我要加倍呢？」蘇格拉底說：「因為我必須得教你兩門功課：一門是怎樣學會閉嘴，另外一門才是怎樣演講。」

困難的謙虛

有一次，季辛吉應邀講演，主持人介紹之後，聽眾起立，臺下響起了一片掌聲。最後掌聲終於停歇了，聽眾坐了下來。這時季辛吉開始說：「我要感謝你們停止鼓掌，因為要我長時間做出一副謙虛的表情是很困難的。」

真蠢得可以了

馬克吐溫曾在舊金山的《呼聲報》編輯部任職，在那裡工作六個月之後，突然被總編炒了魷魚。

總編解釋說：「因為你太懶，而且一點也不中用。」

馬克吐溫笑著回答：「啊，你真蠢得可以了，你要用六個月時間，才曉得我太懶而不中用，而我是進來工作那天就知道你了。」

如何成為英雄

有一次，一位朋友問美國前總統甘迺迪（Jack Kennedy）：「您是怎樣在第二次世界大戰中成為英雄的？」甘迺迪想了一會兒，說：「這可由不得我，是日本人炸沉了我的船。」

不入官場

鮑伯·霍普（Bob Hope）在美國可是家喻戶曉，因為他極善於用詼諧幽默的語言針砭時弊，尤其是政府的錯誤。新一任總統上臺後，決定請他出任要職。他譏笑著說：「假如我也去當官，誰還來批評當官的呢？」

不知去何處

古希臘寓言家伊索（Aesop）是個奴隸。一天，主人派他進城辦貨，半路上他遇見一個法官。

法官盤問他：「你去哪裡？」伊索對貪贓枉法的法官向來不屑一顧，回答道：「不知道！」

「不知道？」法官表示懷疑，把伊索抓了起來，囚禁到監獄。

「說實話難道也犯法嗎？」伊索在獄中抗議道，「我是不知道你們會把我抓進監獄的呀！」法官只好把伊索放了。

第十章　幽默小菜端上來

謙虛

湯瑪斯・傑弗遜（Thomas Jefferson）是美國第 3 任總統。1785 年他曾擔任駐法大使。一天，他去法國外長的公寓拜訪。

「您代替了富蘭克林先生？」外長問。

「是接替他，沒有人能夠代替得了他。」傑弗遜回答說。

金口難開

由於柯立芝總統（John Calvin Coolidge）的沉默寡言，許多人便總是以和他多說話為榮耀。

在一次宴會上，坐在柯立芝身旁的一位夫人千方百計想使柯立芝和她多聊聊。她說：「柯立芝先生，我和別人打了個賭，我一定能從你口中引出三個以上的字眼來。」

「你輸了！」柯立芝說道。

又一次，一位社交界的知名女士與總統並肩而坐，她滔滔不絕地高談闊論，但總統依然一言不發，她只得對總統說：「總統先生，您太沉默寡言了。今天，我一定得設法讓您多說幾句話，起碼得超過兩個字。」柯立芝總統咕噥著說：「徒勞。」

不想再當總統

柯立芝總統任期快要結束時，他發表了有名的聲明：「我不打算再做這個行業了。」

記者們覺得話裡有話，老是纏住他不放，請你解釋為什麼不想再當總統了。實在沒有辦法，柯立芝把一位記者拉到一邊對他說：「因為總統沒有提升的機會。」

捎衣進城

林肯在斯普林菲爾德擔任律師期間，有一天他步行到城裡去。一輛汽車從他身後開來時，他喊住駕駛員，說：「能不能行個方便替我把這件大衣捎到城裡去？」

「有什麼不能呢？」駕駛員回答說，「可我怎麼讓你重新拿到大衣呢？」

「哦，這很簡單，我打算把自己裹在大衣裡頭。」

消滅政敵的方法

有人批評林肯總統對待政敵的態度：「你為什麼要試圖讓他們成為朋友呢？你應該想辦法去打擊他們，消滅他們才對。」

「我難道不是在消滅政敵嗎？當我使他們成為我的朋友時，政敵就不存在了。」林肯總統溫和地說。

估計敵軍的兵力

有一次在有關兵力問題的討論中，有人問林肯：「南方軍在戰場上有多少人？」

「120 萬。」林肯回答說。

這個數字遠遠超過了南方軍的實際兵力。望著周圍一張張充滿驚愕和疑慮的臉，林肯接著說：「一點不錯，120 萬。你們知道，我們的那些將軍們每次作戰失利後，總是對我說寡不敵眾，敵人的兵力至少多於我軍 3 倍，而我又不得不相信他們。目前我軍在戰場上有 40 萬人，所以南方軍是 120 萬，這毫無疑問。」

第十章　幽默小菜端上來

愛面子的總統

西奧多‧羅斯福總統很愛面子,無論在什麼場合,他都要成為人們的注意中心。

「我父親不喜歡參加婚禮和葬禮,」他的兒子有一次說道,「因為在婚禮和葬禮上他既不能做新娘,又不能作死者。」

唯一能做的事情

甘迺迪在 1961 年當選為美國第 35 任總統;他曾在 1956 年被提名為副總統的競選中落敗:敗於對手凱弗維爾。失敗後,他搭飛機到歐洲休養。一天他在里維拉他父親租來的房子前晒太陽,他妹妹的前夫坎菲爾德剛巧從他面前經過。坎菲爾德問他為什麼想當總統。

「我想這是我唯一能做的事情。」甘迺迪漫不經心地說。

滑稽的回信

甘迺迪常常幽默地給一些專欄作家寫東西,這些東西使這些作家們既受寵若驚,又感到滑稽有趣。一天甘迺迪收到專欄作家內德‧萊昂斯的一封信,信中說目前那些總統署名的照片每張價格如下:喬治‧華盛頓(George Washington）175 美元;富蘭克林‧羅斯福 75 美元;格蘭特（Ulysses S. Grant）55 美元;約翰‧甘迺迪 65 美元。

甘迺迪回信道:「親愛的萊昂斯,承蒙來信告知甘迺迪親自署名照片市場價格。不斷上漲的價格現在已如此之高,這實在令人難以置信。為了防止市場蕭條,請恕我不在這封信上署名。」

讓人左右不是

美國第 36 位總統林登・貝恩斯・詹森（Lyndon Baines Johnson），26 歲時被任命為全國青年總署德克薩斯州分署署長。他在任期期間對手下人十分嚴格，喜歡講他們的不是。

一次，他走過一個同事的座位，看到他的辦公桌子上堆滿了文件，就故意提高嗓門說：「我希望你的思想不要像這張桌子這樣亂七八糟。」這樣，同一辦公室的人都聽得一清二楚。這位同事費了好大的勁，才在詹森第二次巡視辦公室前把文件整理好了，並清理了桌面。詹森又來到辦公室，一看原來亂糟糟的桌面變得空空蕩蕩，於是說：「我希望你的頭腦不要像這張桌子這樣空蕩蕩的。」

從未用過的心臟

詹森嘲笑共和黨政敵說：「有一位老人需要做心臟移植手術。有三顆心臟可供選擇，第一顆是 18 歲運動員的，第二顆是 19 歲舞蹈家的，第三顆是 75 歲銀行家的。這位病人詢問銀行家的政見，得知他是一位共和黨人。了解這一點後，這位病人選擇了銀行家的心臟。移植手術相當成功。人們問他為什麼寧願選擇 75 歲老人的心臟。而不要充滿生氣的年輕人的心臟，他說：『我需要一顆從未用過的心』。」

一語雙關

傑拉德・R・福特（Gerald Rudolph Ford）是美國第 38 任總統，他說話喜歡用雙關語。有一次，他回答記者提問時說：「我是一輛福特，不是林肯。」

眾所周知，林肯既是美國很偉大的總統，又是一種最高級的名牌小汽

車；福特則是當時普通、廉價而大眾化的汽車。福特說這句話，一是表示謙虛，二是為了標榜自己是大眾喜歡的總統。

無憂的總統

吉米・卡特（James Jimmy Carter）是美國的第 39 位總統。卡特在南方時曾虔誠地接受過基督教的洗禮。由於這段經歷，記者們常喜歡讓他就道德問題發表看法，其中不乏一些不太禮貌的難題。

有一次，有個記者問卡特：「如果有人告訴你：你的女兒與別人有不正當的戀愛關係，你將作何感想？」

卡特回答說：「我會大吃一驚，不知所措。」稍作中斷後他又加上一句：「不過現在還不用操心，她剛剛 7 歲。」

錢和雨

在卡特的飛機降落在飽受旱災之苦的德克薩斯某鎮之前，該鎮忽然下起了雨。卡特踏上滑溜溜的機場跑道，向聚集在那裡前來歡迎他的農民發出微笑。「你們或者要錢或者要雨，」他說，「我實在拿不出錢，所以我只好帶來了雨。」

自嘲解窘境

雷根總統訪問加拿大，在一座城市發表演說。

在演說過程中，有一群舉行反美示威的人不時打斷他的演說，明顯地顯示出反美情緒。

雷根是作為客人到加拿大訪問的，作為加拿大的總理皮耶・特魯多（Pierre Trudeau）對這種無理的舉動感到非常尷尬。

面對這種困境，雷根反而面帶笑容地對他說：「這種情況在美國是經

常發生的，我想這些人一定是特意從美國來到貴國的，他們想讓我有一種賓至如歸的感覺。」

聽到這話，尷尬的特魯多禁不住笑了。

最有權力的人

雷根身為美國總統，執政 8 年，權傾一時，但是他說：「有人說我是全世界最有權力的人。可我一點也不信。白宮有一位官員，每天早晨把一張小紙片放在我辦公桌上，紙片上寫著每一刻鐘我該做的事情，他才是全世界最有權力的人。」

交通標記

為了說明選民對政客的不信任感，雷根幽默地暗示了政府官員們天生愚蠢得難以估量。他談到了一座虛構的美國城市，該城市決定把交通標記再豎得高一些。

交通標記原有 5 英尺高，他們要把這些標記高度改為 7 英尺。聯邦政府人員插手了此事，由他們實施這一工程 —— 他們來到了這一城市，把街道水平下降了 2 英尺。

後天幽默感：

反差對比、先順後逆、顛倒黑白，跟著本書學幽默，對方說的話再荒謬，你都能夠回得巧妙！

編　　著：俞姿婷，蕭勝平

發 行 人：黃振庭

出 版 者：崧燁文化事業有限公司

發 行 者：崧燁文化事業有限公司

E-mail：sonbookservice@gmail.com

粉 絲 頁：https://www.facebook.com/
　　　　　sonbookss/

網　　址：https://sonbook.net/

地　　址：台北市中正區重慶南路一段六十一號八
　　　　　樓 815 室

Rm. 815, 8F., No.61, Sec. 1, Chongqing S. Rd.,
Zhongzheng Dist., Taipei City 100, Taiwan

電　　話：(02)2370-3310

傳　　真：(02)2388-1990

印　　刷：京峯彩色印刷有限公司（京峰數位）

律師顧問：廣華律師事務所 張珮琦律師

定　　價：375 元

發行日期：2023 年 01 月第一版

◎本書以 POD 印製

國家圖書館出版品預行編目資料

後天幽默感：反差對比、先順後逆、
顛倒黑白，跟著本書學幽默，對
方說的話再荒謬，你都能夠回得巧
妙！/ 俞姿婷，蕭勝平編著 . -- 第
一版 . -- 臺北市：崧燁文化事業有
限公司，2023.01
面；　公分
POD 版
ISBN 978-626-332-949-2(平裝)
1.CST: 幽默 2.CST: 說話藝術
185.8　　111018846

電子書購買

臉書